Carsten Göttel

Der Teufel im Schatten der Kathedrale.

Echte Ganovengeschichten aus dem Kölner Milieu.

Für M+P

„Nur als Verbrecher kann der Rebell sich vom Verdacht der Banalität befreien. Das Blut der anderen, das an seinen Händen klebt, beweist ihm, er war doch nicht wie die unzähligen vielen."

Peter Sloterdijk

INHALT

VORWORT.

„Die Hölle ist leer. Alle Teufel sind hier"
William Shakespeare

Nirgendwo in Deutschland wurde mehr gestohlen, betrogen, geraubt und erpresst. In den 60er Jahren ist Köln die deutsche Hochburg des Verbrechens. Dem kriminellen Treiben wurde nahezu tatenlos zugeschaut. Denn neben der höchsten Dichte an Verbrechen wies Köln die niedrigste Aufklärungsquote auf. Zum zweifelhaften Ruhm der Stadt tragen insbesondere zwei Männer bei: Heinrich Schäfer, genannt „Schäfers Nas", und Anton Dumm, der „Dummse Tünn". Sie sind die stärksten und mächtigsten Männer im Rotlicht, die ungekrönten Könige des legendären Kölschen Milieus.

Die Männer des Milieus verdienten ihr Geld mit Prostitution, Zuhälterei, Diebstählen, Glückspiel und Hehlerei. Und trotzdem: Eine seltsame Anziehung geht aus von diesen Typen. Und deshalb sind sie in die Kölner Folklore eingegangen. Noch heute genießen sie eine zumindest stille Verehrung. Auch damals faszinierten diese Ganoven und der Ruf, der ihnen folgte und zog viele junge Männer und Frauen in die Kölner Halbwelt.

„Der Teufel im Schatten der Kathedrale" nimmt uns mit in eine längst vergangene Zeit, deren Mythos bis heute überlebt hat. Viele sind tot, aber etliche Zeitzeugen leben noch. Zuhälter, Puffmütter, Nutten, Türsteher, Trickbetrüger und bislang unbekannte Strippenzieher.

Der Autor Carsten Göttel hat sie alle getroffen. Und sie waren bereit für eine letzte Zeitreise, bereit zu reden. Es war schnell klar: Der Milieu-Mythos verbirgt noch viele bislang unbekannte, verblüffende und unterhaltsame Anekdoten. Typisch charmante, Kölsche Geschichten aus einer Zeit, in der die Gefängnisse noch nicht ausbruchsicher waren, die Banken noch nicht einbruchsicher. Und das Ganovenwort noch galt. Denn „Gesetzlose", das waren sie nicht. In ihrem Kölner Revier gabt eine Art Gesetz, einen Kodex, der dieser Halbwelt seinen Stempel aufdrückte. Eine Ehre, die der heutigen, kriminellen Welt fremd ist.

In diesem erzählenden, augenzwinkernden Sachbuch, spricht nie nur der Einzelne, sondern auch der Geist der Zeit. Auch wenn das Buch die alten Zeiten und das legendäre Kölner Milieu noch einmal hochleben lässt. Es herrscht nostalgischer Realismus, keine Rotlicht-Nostalgie. Nichts und niemand kommt ganz ohne Kratzer davon.

STADT MIT K: KÖLSCH. KATHOLISCH. KRIMINELL.

DIE KÖLSCHEN GANOVEN

„Ich kumm us dä Stadt mit K,
Schalalalalaaa,
Us die Stadt mit K"
Kasalla

Heinrich Schäfer und Anton Dumm sind die schillernden Herrscher des Kölschen Milieus, die großen Anteil daran haben, dass Köln in den wilden 60er Jahren mit einer einmaligen Negativ-Statistik in die Deutsche Geschichte eingeht. Köln ist in diesen Tagen die kriminellste Stadt der Republik. Die Milieu-Namen der beiden erbitterten Kontrahenten: „Schäfers Nas" und der „Dummse Tünn". Manch einer mag sich über diese Namen wundern. Der Kölner und sein Dialekt neigen zur Verniedlichung. Und die macht auch vor den Ganoven der Stadt keinen Halt.

Hinter diesen spitzbübischen Namen, die diese Männer als echte Kölsche Jungs ausweisen, verbergen sich jedoch große Egos, mit einem enormen kriminellen Potential, die die Kölner Halbwelt für eine lange Zeit prägen. „Schäfers Nas" und der „Dummse Tünn" und noch einige andere, auf die wir zu sprechen kommen, sind Teil einer seltsamen Parallelgesellschaft, tief verwurzelt im Kölner Alltag. Ihre Namen umgeben von Gaunergeschichten aus längst vergangenen Zeiten. Diese Männer des Milieus verdienen ihr Geld mit Prostitution, Zuhälterei, Diebstählen, Glücksspiel und Hehlerei. Und trotzdem: Eine seltsame Anziehung geht aus von diesen Typen. Und deshalb sind sie in die Kölner Folklore eingegangen. Damals wie heute genießen sie bei vielen Kölnern eine zumindest stille Verehrung. Ihr Ruf zieht viele junge Männer in die Kölner Halbwelt. Auch Anton Claaßen, den „Lange Tünn". Die Türsteher-Legende war fasziniert von diesen Gangstergestalten und den Ruf, der ihnen folgte.

Schwere Jungs und leichte Mädchen.

Nur einen kurzen Fußweg vom Dom entfernt, im Schatten der ehrwürdigen Kathedrale, lag das berüchtigte Zentrum der Kölner Halbwelt. Zwischen Eigelstein und Friesenplatz blühte das älteste Gewerbe der Welt auf. Und alles, was dieses Umfeld anzieht. Hier war das Epizentrum der Gangster und Ganoven. Schon am helllichten Tage boten sich in den eingeschossigen Altbauten der Brinkgasse unzählige Prostituierte an.

Neben der Bordellmeile gab es in der Gegend rund um die Ehrenstraße, am Eigelstein und am Friesenplatz dicht gedrängt und in geballter Form Vergnügungsstätten jeglicher Art. Zu den Orten des Lasters gehörten zwielichtige Bars, Tanzlokale, extravagante Varietés und Spielcasinos und noch viele weitere Bordelle. Am Abend herrschte hier ein reges Treiben. Die Kölner waren ausgehfreudig. Ihre Sehnsucht nach Vergnügung und Unterhaltung war groß. Viele Kölner Bürger genossen den Reiz und die Nähe zur Halbwelt. Und neben den unzähligen Ganoven tummelten sich auch prominente Künstler, Sportler und Politiker im Nachtleben der Stadt. Jeder, der etwas auf sich hielt, ließ sich hier blicken. Kontrolliert wurden die Etablissements vom Kölschen Milieu. Von Türstehern, Zuhältern und Zockern. Chicago am Rhein, so nannten nicht nur Insider die Domstadt. Denn in der Nacht war Köln fest im Griff der kriminellen Szene. Es regierte allein das Kölsche Milieu.

Modern und traditionell.

Der Dom ragte heraus wie eine letzte mahnende Insel. Um ihn herum quälte sich eine dichte Blechlawine. Die alte Domstadt, nach dem Krieg in Schutt und Asche, zu eilig wiederaufgebaut, wurde Anfang der 60er Jahre überrollt von der Moderne. Das städtische Leben wurde von der Jugend geprägt. Jeder dritte Kölner war jünger als 20 Jahre. Köln war eine Partystadt. Die Wirtschaft brummte. Arbeit gab es für alle. Zum alltäglichen Leben der Kölner gehörte auch die Schwulen- und Lesbenszene, die sich am Fischmarkt traf. Man darf dabei nicht vergessen: Erst 1994 hob der Deutsche Bundestag den 123 Jahre alten, sogenannten „Schwulenparagraph" auf, der Homosexualität mit bis zu fünf Jahren Gefängnis ahndete.

Köln war modern, international, aufgeschlossen, tolerant, wie wohl keine andere deutsche Stadt. Und trotz aller Modernität: Die Kölschen Traditionen und der Kölsche Tonfall war auch in diesen Zeiten noch immer quicklebendig. Quicklebendig wie die kriminelle Szene.

DIRTY HEINRICH UND DIE MÜLLTONNE

„Mit einem Lächeln kommt man weit.
Noch weiter kommt man mit einem Lächeln
und einer Knarre"
Al Capone

Heinrich Schäfer: „Schäfers Nas".

Schäfer, der wohl berüchtigtste Zuhälter Kölns, ist Jahrgang 1937. Der Zwei-Meter-Hüne bringt zu seinen besten Zeiten gute 140 Kilo auf die Waage. Wegen seiner nicht zu übersehenden Nase wird er „Schäfers Nas" genannt. Klingt niedlich. Er ist es aber nicht. In jungen Jahren arbeitet er als Aushilfskraft im Hafen und auf dem Bau. Der von Narben übersäte Rotlicht-Fürst gilt als das Alpha-Tier im Milieu. Sein Ruf: Brutal, undurchschaubar und eiskalt. Dass bestätigen viele Zeitgenossen, die ihm nah waren. Aber in ihren Erzählungen schwingt auch immer viel Respekt und Ehrfurcht mit.

Milieu-Original „Keddy" erinnert sich: „Wenn Hein im Türrahmen stand, wurde es dunkel". Nur selten legt sich jemand mit ihm an. Auch viele Polizisten gehen ihm lieber aus dem Weg. Aber so „Keddy": „Man konnte sich auch mit ihm vertragen". Schäfers Gattin berichtet von Seiten ihres Mannes, die ihn vielen Ohren unglaubwürdig klingen mögen: „Er half alten Mütterchen wirklich über die Straße. Einmal im Monat brachte er den Pennern Haxen und Frikadellen in die Annostraße. Er war kein Engel. Aber er hatte gute Seiten".

Heinrich Schäfer muss 1984 für acht Jahre ins Gefängnis. Die Ermittlungen dauern drei Jahre. Der Tatbestand: Gefährliche Körperverletzung, Zuhälterei und Freiheitsberaubung. Schäfer sorgt immer wieder für Schlagzeilen. Als er ein aus dem Dom gestohlenes Vortragekreuz zurück bringt und auch wegen der

„MS Colorado", einem Torpedofangboot aus dem 2. Weltkrieg, das er zu einer Luxusyacht umbaut. Heinrich Schäfer stirbt 1997 in Köln im Alter von 60 Jahren an Herzversagen.

Auch heute noch ist die Sehnsucht groß nach den Kölner Originalen. Schäfer darf nicht völlig verklärt werden. Aber er war, ist und bleibt ein Stück Köln, das man nicht vergessen sollte.

Peter Stevens: Milieu im Blut.

Köln, November 2019. Nähe Neumarkt, im „Thiebolds-Eck" auf der Lungenstraße. Es ist Mittwoch, 14 Uhr. Wir sitzen draußen. Auf dem kleinen Platz vor der Kneipe sind alle Tische besetzt. Reibekuchen dampfen auf den Tellern. Drinnen herrscht schon ein großer Trubel. Die urige Kneipe ist geschmückt mit unzähligen FC-Devotionalien und Karnevalsorden. Die Karnevalslegende Hans Süper ist an der Wand hinter der Theke verewigt. Mehr Kölsch geht nicht mehr. Hier treffen sich die FC Fans vor den Heimspielen. Zum Vorbrennen. So wie Peter Stevens und ich. Wir gehen später aber nicht zum FC, sondern auf den 71. Geburtstag vom „Frischen Günther". Auf seiner Party in Königsdorf tummelt sich später alles was Rang und Namen hatte in der alten Szene. Der „Dummse Tünn", „Zementkopp", der „Dicke Johnny" und noch viele andere. Johnny wird später auf dieser Party auf dem Klo einschlafen. Peter ist Anfang 60. Sanfte, braune Augen. Er spricht leise und sehr bedächtig. Er hat sich schick gemacht für den heutigen Abend. In den Jahren 1971/72 ist Peter Stevens der Fahrer von „Schäfers Nas".

Handel mit Blüten.

Peter Stevens ist ein echter Kölscher Jung. Geboren in Köln-Vogelsang. Seine Mutter glaubt manchmal, ihr Sohn Peter sei ihr zugelaufen. Weil er so anders ist als seine Geschwister. Weil er Talente hat, ganz unüblich für die Stevens-Familie. Peter erinnert sich an seinen erstes krummes Ding, einen Handel

mit Blüten. Es ging dabei nicht um falsches Geld, sondern um echte Blumen. Es ist Muttertag. Aus dem Garten der Nachbarn stibitzt er einen Strauß Flieder für seine Mutter. Der Wachhund des Nachbarn ist ihm auf den Fersen. Seine Hose bleibt nicht unverschont. „Vorne den Flieder, hinten den Rottweiler", so war sein Einstieg in die Halbwelt schmunzelt Peter. Dass nur bezahlte Blumen Freude bringen, hält Peter für ein falsches Gerücht. Seine Mutter freut sich sehr. Die Vase mit seinem Fliederstrauß sieht prächtig aus auf dem Tisch im Wohnzimmer. Peter verkauft noch am gleichen Tag, den gleichen Strauß an einen Nachbarsjungen. Diese Geschäftstüchtigkeit liegt ihm schon in jungen Jahren im Blut.
Viele Jahre später sitzt Peter für ein paar Tage in U-Haft. Vorwurf: Hehlerei. Auf dem Kölner Polizeirevier, Wache Waidmarkt, auf der 13. Etage. Er wird gut versorgt. Viele Polizisten kennt er. Einige tragen Uhren, die Peter ihnen verkauft hat.

Heinrich Schäfer, „Schäfers Nas" und Anton Dumm, der „Dummse Tünn", besitzen beide keinen Führerschein. „Schäfers Nas" hat nie einen gemacht. Dem „Dummsen Tünn" wird er nach unzähligen Verstößen abgenommen, was ihn jedoch nicht davon abhält, mit seinem Wagen über die Kölner Ringe zu rasen. Die Polizei lässt ihn gewähren. „Schäfers Nas" mag es gemütlicher, lässt sich gerne kutschieren. Anfang der 70er Jahre greift der Rotlichtkönig am liebsten auf die Fahrdienste von Peter Stevens zurück, der im Milieu einen eher unglücklichen Spitznamen hat: „Die Mülltonne". Heinrich schätzt ihn sehr. Im Jahr davor sind die beiden bei einem Attentat auf dem Ring glimpflich davongekommen. Ein Unbekannter schießt auf das Oldsmobile. Acht Schüsse aus der Maschinenpistole treffen den Wagen. Die beiden bleiben unversehrt. Sowas schweißt zusammen.

Sehen und gesehen werden.

Die Ära des Autos geht in unseren Tagen zu Ende. Es ist schon längst kein ungetrübtes Statussymbol mehr. Der Lack ist ab. Doch wir sind in den 70ern. Und hier weht noch ein anderer Geist. Das Milieu mag es protzig. Peter erinnert sich an den privaten Fuhrpark des Rotlichtkönigs: Ein geräumiger Lincoln mit 7,4 Liter-Maschine, „Da konnte man zu dritt hinten drinsitzen, ohne sich zu berühren", ein Oldsmobile und ein Ferrari in strahlendem Rot. Peter wird oft ermahnt, nicht zu schnell zu fahren. „Schäfers Nas" genießt die langsame, provozierende Fahrt, insbesondere über die Kölner Ringe. Er möchte sehen und gesehen werden. Er genießt es, wenn vorbei schlendernde Passanten ihn erkennen und respektvoll über in Tuscheln, wie man es sonst nur macht bei den Stars aus der Filmwelt.

Achsenbruch.

Bei den provozierend langsamen Fahrten über die Kölner Ringe kommt es schon mal vor, dass einem Verkehrsteilnehmer die Hutschnur platzt, wenn er sich ungewollt hinter ihnen einreihen muss. Dann kommt es auch schon mal vor, dass „De Nas" aussteigt, sich vor den Wagen des ungeduldigen Fahrers stellt, den Wagen anhebt und krachend wieder fallen lässt. „Da ging auch schon mal die ein oder andere Achse zu Bruch", schmunzelt Peter. „Schäfers Nas" ist stadtbekannt für seine unbändige Kraft und sein aufbrausendes Gemüt. Zudem ist Verlieren nicht eine seiner Stärken, erinnert sich Peter:

„Im Aachener Knast spielt er oft ‚Mensch-Ärgere-Dich nicht', bevor „Hein" verliert, wirft er das Brett samt Figuren durch die Luft." Auch seine Ungeduld, die schnell in Jähzorn mündet, ist überliefert.

Promifriseur.

Regelmäßig geht die Fahrt der beiden von Köln-Rodenkirchen, dort wohnt Schäfer, ins benachbarte Düsseldorf. Hier lässt er sich die Haare schneiden. Der Regisseur Helmut Dietl, Erfinder von „Monaco Franze" beschreibt eine Eigenschaft des Prototyps eines Stänz: „Er hat die Pflege seines Haupthaares zur kultischen Handlung entwickelt". Heinrich Schäfer ist da keine Ausnahme. Und deshalb geht es nicht zu irgendeinem Friseur, sondern zu einem Promifriseur in der Düsseldorfer Altstadt, wo Showgrößen wie Dieter-Thomas Heck und Rex Gildo zu den Stammkunden gehören. Einer der jungen Angestellten dort, der Heinrich oft frisiert, wird in ein paar Jahren der wohl bekannteste Bordellbesitzer Deutschlands: Bert Wollersheim.

Auf seinem Weg zum zweifelhaften Ruhm des „Bordellkönigs von Düsseldorf", hat „Schäfers Nas" seine Finger im Spiel. Man kennt sich, man hilft sich. Das Urteil der Kölner Szene: „An der Berühmtheit eines „Dummse Tünn", „Schäfers Nas" oder „Abels Män" kommt er allerdings selbst jetzt kaum heran". Peter Steven sitzt am Steuer, neben ihm „Schäfers Nas" mit frisch geschnittener Frisur. Gerade erst haben sie die Rückfahrt nach Köln angetreten, da ruckelt es im Getriebe des Ferraris. Peter steuert die nächste Autowerkstatt an, das Autohaus Becker, im Düsseldorfer Stadtteil Bilk.

Autohaus Becker.

Wilhelm Becker, der Chef des Hauses, ist sehr erfolgreich im Gebrauchtwarenhandel. 1949 führt er im Markt den bis dahin ungebräuchlichen Ausdruck „Zweite Hand" ein. Lässt ihn patentieren. Becker bringt 1970 seine eigene Zeitschrift mit dem Titel „auto welt" heraus. Beckers Sohn Helmut wird 1994 sein Nachfolger. 2002 machte die Liaison zwischen Becker und Tatjana Gsell Schlagzeilen in der Boulevardpresse. Das Autohaus hat einen guten Namen bei Liebhabern von klassischen Luxuslimousinen. Einer davon ist Heinrich Schäfer, der dort öfters seine Runden dreht. Ein damaliger Azubi des Hauses berichtet: „Und wenn dann Hein Schäfer alias „Schäfers Nas" auf dem Hof aufgetaucht ist, um sich neue Autos anzusehen, war das schon aufregend".

Wartezeit.

Peter parkt den ruckelnden Ferrari gleich mitten in der riesigen Werkshalle. Im Autohaus Becker herrscht eine betriebsame Geschäftigkeit. Unzählige Monteure kümmern sich um die rund Handvoll Autos, die in der Halle stehen. Der Werkstattleiter, der offensichtlich viel um die Ohren hat, bittet Peter, den Wagen aus der Halle zu fahren und ihn draußen auf dem Parkplatz abzustellen, „Da sind noch einige vor Ihnen dran." Peter bittet freundlich aber bestimmt um die sofortige Reparatur des Ferraris. Sein Gegenüber schließt das vehement aus. Peter: „Er wusste offensichtlich nicht, mit wem er es zu tun hatte." Peter schwant nichts Gutes als er sich zu „De Nas" in den Wagen setzt und ihm die Situation schildert, „Hein ist für seine Verhältnisse recht gelassen geblieben." „Schäfers Nas" schaut für einen kurzen Moment nachdenklich in die Ferne, wendet sich dann Peter zu: „Peter, ich kläre das schon."

Heinrich Schäfer, richtet sich im Rückspiegel des Ferraris kurz die frische Frisur, steigt dann seelenruhig aus dem Wagen, lässt die schwere Türe langsam ins Schloss fallen. Er bleibt einen Schritt neben dem Ferrari stehen. „Ich sehe, wie er einmal tief durchatmet und dann die Knöpfe seiner Lederjacke öffnet". Peter weiß nur zu gut, was sich unter der weit geschnittenen Jacke befindet. Um seinen Körper trägt „Schäfers Nas" einen Halfter und darin steckt ein Revolver. Für viele Waffenexperten ist dieses Modell zu schwer und zu groß. Und die Trommelkapazität von sechs Schuss zu klein. Für die riesige Hand, die klobigen Finger und die Belange des Rotlichtkönigs ist die wuchtige „44er Magnum" aber gerade zu ideal.

Im „Residenz" am Kaiser-Wilhelm-Ring läuft schon seit einigen Wochen „Dirty Harry" mit Clint Eastwood. Quasi ein Synonym für unkonventionelle Polizeimethoden. Und auch der schwört auf die „44er Magnum". Einmal hält er seinem Widersacher den Revolver an die Nase und erklärt ihm: „Dies ist eine 44er Magnum, die stärkste Handfeuerwaffe der Welt; sie bläst dir das Gehirn aus dem Schädel."

Showdown.

„Schäfers Nas" hebt die „44er Magnum" über seinen Kopf. Drückt ab. „Es war ein ohrenbetäubender Knall, der die Halle erschütterte. Ich dachte, mir fliegen die Plomben aus den Zähnen" erinnert sich Peter. Die Kugel schlägt in der Decke der Halle ein, Putz spritzt herunter. Dann ist es mucksmäuschenstill. „Es war, als wäre die Zeit stehen geblieben. Ich sah durch die Scheibe Heins Gesicht. Er lächelte still in sich hinein. Er schien den Moment sehr zu genießen." Dann setzt er sich wieder in den Wagen und blinzelt Peter zu. „Keine 20 Minuten später war der Wagen repariert, ein Lehrjunge des Hauses reinigte dann noch das Wageninnere", berichtet Peter schmunzelnd.

Der Motor des Ferrari surrt wieder sportlich vor sich hin. Der Werkstattleiter schließt erleichtert die Haube. „De Nas" steigt aus dem Wagen. Den vier Monteuren, die an der Reparatur beteiligt waren, drückt er jeweils einen 100 Markschein in die Hand. Ihr Chef nimmt einen Bündel Geldscheine nervös entgegen. „Das ist für den schnellen Service. Und für die Decke", sagt „Hein". „Es waren 15.000 DM", erinnert sich Peter, „dem Lehrjungen drückte er noch einen 50 DM Schein in die Hand." „Er war eitel, ungeduldig, aufbrausend. Er konnte aber auch spendabel sein, wenn er es wollte". „Hein" nickt der „Mülltonne" zu. Für heute ist die Arbeit erledigt. Er ist nun bereit für die Rückfahrt nach Köln. „Er hatte noch ein paar Putzreste in den Haaren", erinnert sich Peter amüsiert. Dann fahren sie los.

DER LEGENDÄRE FAUSTKAMPF

„Dummse Tünn".

Anton Dumm, geboren 1938, 1,70m, 165 Pfund, Berufsboxer. Dumm absolviert eine Lehre als Rohrleger. Wird bereits als Jugendlicher durch Straftaten auffällig. Anfang der 60er ist er als Zuhälter überregional bekannt. Zahlreiche Anzeigen und Anklagen gegen Dumm bleiben erfolglos, bis ein Sonderbevollmächtigter des Innenministeriums berufen wird, der sich insbesondere Dumm widmet. Im Dezember 1965 wird Dumm schließlich festgenommen. Wegen Notzucht, Zuhälterei, Körperverletzungen und Fahrens ohne Führerschein im Oktober 1966 zu einer dreijährigen Zuchthausstrafe verurteilt. Dumm ist der Leibwächter von Romy Schneider. Mit der Gastwirtin Ruth ist er über 25 Jahre liiert. Und von 1998 bis zu ihrem Tod im Jahr 2009 verheiratet. Er sieht gut aus, kleidet sich elegant. Nach seiner Verurteilung wird er von vielen Kölnern bedauert. 2016 erleidet er einen Schlaganfall.

Viele Legenden ranken sich um Dumm und Schäfer. Sie begegnen sich nur selten, gehen sich offensichtlich aus dem Weg. Doch eines Tages kracht es dann doch zwischen den beiden. Und zwar gewaltig. Der „Dummse Tünn" hat bei seinen nächtlichen Ausflügen meist Bodyguards dabei. Unter ihnen David, ein persischer Ringer, der später Leibwächter im Iran wird. Direkten Konfrontationen geht Anton Dumm aus dem Weg. Heute nicht. Und diese Begegnung ist legendär. In der Nacht auf den 20. September 1975 treffen der „Dummse Tünn" und „Schäfers Nas" aufeinander. „Schäfers Nas", der Zwei-Meter-Hühne, hat Ringerqualitäten. Im Kultbuch „Wenn es Nacht wird in Köln" erinnert sich Miljö-Original Willy Taylacher mit Bewunderung an den Rotlicht-Fürsten. Nennt ihn liebevoll das „Ur-Vieh". Mit seinen 1,70 Meter ist der „Dummse Tünn" um einiges kleiner. Aber er ist ehemaliger Berufsboxer. In der Szene weiß man, dass allein der sportliche Hintergrund schon für „Schäfers Nas" spricht. Denn Boxer haben in der Regel gegen Ringer keine Chance.

Die „Ringschlacht".

Einige haben die „Ringschlacht" miterlebt. Einer davon: Der „Lange Joe", ein Kumpel von Heiner Lauterbach. Auch mit Dumm ist er befreundet. Der „Lange Joe" sitzt an diesem September- tag mit Dumm im "P1", einer Disco am Friesenplatz. Als ein Lakai von „Der Nas" dort auftaucht, raunt der sturzbetrunkene Dumm ihn an: „Sag deiner Nas, er kann antreten". Nur kurze Zeit später tritt er an. Der Kampf dauert nicht lang, ist schnell entschieden. Schäfer verpasst dem „Dummsen Tünn" zwei mächtige Kinnhaken. Der geht halb bewusstlos zu Boden. Kriecht zur Deckung unter ein Auto. Weitere Zeitzeugen berichten, dass „Schäfers Nas" dar- aufhin seine Fäuste in die Hüften stemmt und schreit: „Komm raus da, oder willst du dich vor deinen ganzen Freunden blamie- ren". Der „Lange Joe": „Er hatte keine Chance, so besoffen wie er war". Anton Dumm kommentiert den Kampf später so: „Dä hät mer ene vor de Kopp jehaue, un da wor ich weg!". Als zwei Polizisten auftauchen, hält das Milieu zusammen. Es gibt keine Gesprächsbedarf. Verpfiffen wird niemand. Eine Anzeige gibt es nicht. Als die Polizisten wieder weg sind, bittet Dumm um Hilfe. „Hein, gib mir ens das T-Shirt." Nas zieht es aus, „Hier Tünn."

Milieu-Experte Gieraths: „Sie reichten sich die Hand und gingen zusammen noch einen trinken. Ein Handschlag war mehr wert als die notarielle Unterschrift". Sie halten sich an den Ehrenkodex: „Keine Waffen". Keine Messer, keine Pistolen, sie liefern sich einen offenen Faustkampf. Auch wenn es etliche Ausnahmen gibt, dieser Ehrenkodex gilt meist im Milieu von damals.

ERST MIT DEN FÄUSTEN REDEN

Willy hatte immer ein großes Herz. Kümmerte sich rührend um den Nachwuchs im Milieu. Brachte den jungen Einsteigern bei, wie das Milieu tickt. Welche Gesetze dort herrschen. Welche Verbote gelten. Er war auch der Ziehvater von Essers Häns. Hat den damals 17-jährigen unter seine Fittiche genommen. Häns wurde eine Marke im Milieu. Sie nannten ihn den „Indianer". Immer braungebrannt. Lange Haare. Ein echter Frauenschwarm. 500 Freunde sagten „Tschö" bei seiner Beerdigung. Nicht nur eine Frau vergoss ihre Tränen an seinem Grab.

Ultimatum.

Großes Herz hin. Großes Herz her. Auch das Milieu-Original Willy Taylacher hat zu spüren bekommen, was passiert, wenn Heinrich Schäfer die Hutschnur platzt. Es war eines Abends in der Tanz-Bierbar in der Südstadt. Als plötzlich Schäfer auftauchte. Schäfer war wütend. Sehr wütend. Die Reifen an seinem Cadillac waren platt. Zerstochen. Und das nicht zum ersten Mal. Schäfer war auf der Suche nach dem Übeltäter. Im Milieu gab es einige wenige, an denen nichts vorbei ging. Die immer bestens informiert waren. Und Willy war einer davon. In der Kneipe war der Messerstecher an dem Abend sogar anwesend. Willy wusste das. Schäfer ahnte es vielleicht. Wusste es aber nicht. Schäfer ging auf Willy zu: „Willi, du weißt doch, wer meine Reifen zerstochen hat, oder?". Willy gab vor, keine Ahnung zu haben. Schäfer ließ nicht locker. Gibt ihm ein Ultimatum. „Bis 24 Uhr fällt dir das mal besser ein, mein Freund."

Es waren noch einige Stunden bis Mitternacht. Und zu jeder Stunde kam Hein vorbei. Und sagte Willy, wie lange es noch dauere, bis sein Ultimatum abgelaufen ist. Von Stunde zu Stunde wurde Willy unruhiger. Die Mitternacht rückte immer näher. Und Schäfer war aufgebracht. Das war nicht zu übersehen. Er meinte es ernst.

Aschenbecher.

Willy wusste, dass er gegen Schäfer keine Chance hat. Wenn die Fäuste fliegen, würde er den Kürzeren ziehen. Auf einem der Tische, gleich neben der Theke, stand ein Aschenbecher. Einer von der schweren Sorte. Ein Stammtischaschenbecher. Punkt Mitternacht kam Schäfer wutschnaubend in die Kneipe. Wollte nach seinem langen Ultimatum gleich kurzen Prozess machen. Ging gleich auf Willy los. Der Ehrenkodex des Milieus, „Mit den Fäusten, ohne Waffen", war Willy gerade wurscht. Als Schäfer auf ihn zukam, schnappte er sich den Aschenbecher vom Tisch. Und zog Schäfer den Aschenbecher über den Schädel. Schäfers Reaktion auf den heftigen Schlag gegen seinen Kopf, ging gegen Null. Als hätte ihn ein Wattebausch getroffen. Nun aber noch wütender, packte Schäfer ihn, warf ihn hoch durch die Luft. Willy wirbelte über die Tische. Brach sich dabei mehrere Rippen. Blut lief ihm von der Stirn. „Wer war das mit den Reifen?", schrie er immer wieder.

Die restlichen Männer in der Kneipe waren reine Kulisse. Standen stumm und regungslos. Keiner wollte eingreifen. Keiner wollte Willy helfen. Weil Willy den Namen des Messerstechers weiterhin nicht rausrückte, schlug Schäfer weiter auf ihn ein.

Schmier.

Plötzlich standen zwei Polizisten im Laden. Irgendwer musste sie gerufen haben. Der blutende Willy und der riesige Schäfer standen den beiden Uniformierten gegenüber. Sie fragten, was denn dort los sei. Willy wischte sich das Blut von der Stirn. Sagte knapp und kurz, er sei die Treppe runtergefallen. Daher stammten die Verletzungen. Die Polizisten merkten schnell, dass es für

27

sie dort nichts zu tun gab. Dass dort andere Gesetze herrschen. „Hoffentlich schlägt er dich eines Tages kaputt", murmelte einer den beiden beim Rausgehen.

Als sie weg waren, drehte Schäfer sich zu den umstehenden Männern. „Der Willi ist nicht der Stärkste, aber er hat ein Herz wie ein Löwe. Keiner von euch hat ihm geholfen. Zieht ab." Dass Willy den Mann nicht verriet, imponierte den Zwei-Meter-Hünen. „Komm Jung, ich fahr dich nach Hause." Der Mann, der ihn eben noch zusammengeschlagen hatte, chauffierte ihn nun zu seiner Mutter. Drei Monate später waren Willys Rippen ausgeheilt. In der Zeit besuchte ihn Schäfer des Öfteren. Schon auf der Fahrt zur Mutter sagte Schäfer zu ihm: „Willy, wenn du jet häs, ich stonn immer zo dir."

Erst die Fäuste sprechen lassen. Dann wird geredet.

Der „Lange Joe" bringt Schäfers Strategie auf den Punkt: „Heins Devise war ja immer: Erst platt machen, dann sprechen". Aber ganz so unberechenbar, wie Schäfer vielen auch erscheinen mag, ist er nicht. Wenn es darauf ankommt, konnte er seinen Jähzorn durchaus zügeln. Er hat sich gut überlegt, mit wem er sich anlegt und mit wem nicht. „Aber den Steinhausen, den hat er immer in Ruhe gelassen. Der hatte die Korsen hinter sich, die redeten nicht, die schossen. Und das wusste der Hein. Der war ein Ungeheuer, aber verrückt war der nicht".

DIE LUDEN IM RAMPENLICHT

„Wenn du die Geschichte eines großen Verbrechers liest,
so danke immer, ehe du ihn verdammst, dem gütigen Himmel,
der dich mit deinem ehrlichen Gesicht nicht an den Anfang
einer solchen Reihe von Umständen gestellt hat"
Georg Christoph Lichtenberg

Die Zeit der Egos.

In den 60er Jahren kommt die Lebensfreude unter den Deutschen auf. Es ist ein Aufbruch in eine neue Zeit. Die Wissenschaft erobert den Weltraum. Es ist die Zeit von Flowerpower, Woodstock und der freien Liebe. Daniel Cohn-Bendit, der in den 70er Jahren noch zur Sponti-Szene gehört: „Die Welt der sechziger Jahre (...) Der Wandel ergriff vor allem die traditionelle Kultur, den Einfluss des Moralismus und die gesellschaftliche Hierarchie".

Die Kölschen Ganoven sind Kinder ihrer Zeit. Hinter ihnen liegt der kleinkarierte, prüde und spießige Muff der Nachkriegszeit. Auch sie brechen in eine neue Zeit auf. Und plötzlich ist vieles ganz anders. Die Wirtschaft brummt, die Bürgerschicht protzt mit Wohlstand, Luxus und Statussymbolen. Geld ist da. Die Ideale ihrer Eltern gelten nun nicht mehr. Die zwischen 1937 und 1945 Geborenen, ist die Generation, die von Soziologen als „Halbstarke" tituliert werden. Heinrich Schäfer, geboren 1937, Anton Dumm, geboren 1938, gehören zu dieser Generation. Die Opferbereitschaft ihrer Eltern ist ihnen fremd. Genauso fremd ist ihnen die Achtung ihrer Eltern vor öffentlichen Autoritäten wie Schule, Polizei, Armee und Kirche hatten. Sie streben nach Freiheit, wollen sich selbst verwirklichen.

Kurzum: Ein neuer Egoismus weht durch Deutschland. Eine neue Generation, ein neuer Geist bestimmt die Zeit. Träume wollen gelebt werden, Wünsche sollen sich erfüllen. Und das so schnell wie möglich. Der berühmte Philosophieprofessor

Theodor W. Adorno schreibt, dieser Zeit sein ein Quäntchen Wahn beigemischt. Und den leben sie. Und in diesen Zeiten werden die Blüten des Kölner Milieus getrieben.

Wie die Showstars.

Sie wollen den Wohlstand. Die maximale Unabhängigkeit. Sie sind hinter dem schnell verdienten Geld her. Aber fast alle wollen noch mehr, viel mehr. Sie suchen in der Kölner Halbwelt nach einer Gesellschaft, der sie sich zugehörig fühlen. Eine Art Ersatzfamilie. Sie brechen aus dem tristen Arbeiterleben aus, sie wollen Glamour, der fern ab ist vom Alltäglichen. Und sie wollen Macht, Einfluss und auch Anerkennung. Sie suchen damit genau das, was jeder erfolgreiche Manager sucht. Es ist nicht die einzige auffällige Überschneidung, die diese Typen des Milieus mit der legalen Welt haben. Sie gieren nach öffentlicher Aufmerksamkeit, so wie die Showstars nach dem Rampenlicht. Zum Teil trieb das Bedürfnis groteske Züge.

DAS GESTOHLENE KREUZ: WER ES GLAUBT, WIRD SELIG

„Wenn der Dom fertig wird,
geht die Welt unter"
Kölner Weisheit

Schäfer macht Theatergeschichte.

Seinen Ruf hat er über die Jahre mächtig ruiniert. Zumindest in der bürgerlichen Welt. Als „Schäfers Nas" langsam in die Rentnerjahre kommt, bietet das Schicksal ihm noch einmal eine ganz besondere Chance. Eine Chance, sein kriminelles Image gewaltig aufzupolieren. Und er nutzt sie. Er erobert damit nicht nur die Herzen der Kölner, er schafft es sogar, auch über die Grenzen von Köln hinaus, an enormer Popularität zu gewinnen. Es ist eine Geschichte, die so nur in Köln passieren kann. Aber holen wir erst ein wenig aus. Machen uns die historische Dimension dieser Legende deutlich.

Ewige Baustelle.

Die Kölner lieben ihren Dom. Ihre ehrwürdige Kathedrale ist nicht nur das Wahrzeichen Kölns, sondern auch Deutschlands Sehenswürdigkeit Nummer eins. Über sechs Millionen Menschen besuchen jährlich das UNESCO-Weltkulturerbe. Gebaut wird der Dom als letzte Ruhestätte für die Überreste der „Heiligen drei Könige". Erzbischof Rainald von Dassel bringt die Reliquien 1164 von Mailand nach Köln. Der erste Grundstein für die gotische Kathedrale wird im August 1248 gelegt. Offiziell abgeschlossen wird der Bau 1880 von König Friedrich Wilhelm IV. Also sage und schreibe 632 Jahre nach der Grundsteinlegung.

Kölner wissen jedoch: Der Dom ist eine ewige Baustelle. Noch immer wird an ihm restauriert und repariert. „Wenn der Dom fertig wird, geht die Welt unter", sagt der Kölsche Volksmund. Die Welt muss den Untergang nicht fürchten. Er wird nicht kommen. Von 1880 bis 1884 war die Kathedrale das höchste Gebäude der Welt, bis sie vom Washington Monument und dann vom Eiffelturm geschlagen wird. Seine rund 150 Meter hohen Kirchtürme sind die zweithöchsten der Welt, nur übertroffen vom Turm des Ulmer Münsters.

„Ich fürchte, Herr Pastor, wir sind bestohlen".

Es ist das Jahr 1821. Der Kaplan des Domes: Johann Gumpertz. Dompfarrer ist Heinrich Filz. Gumbertz bereitet wie schon so oft den Gottesdienst vor. Beim Gang durch die Dreikönigskapelle fallen ihm gleich der zerstörte Dreikönigsschrein auf, das aufgebrochene Gitter, die abgebrochene Relikte. Aufgebracht rennt er zum Dompfarrer: „Ich fürchte, Herr Pastor, wir sind bestohlen". Der Dieb: Heinrich Becker. Er hat sich in der Nacht im Dom unbemerkt einschließen lassen. „Er hat die Schätze, die er im Dom geklaut hat, zum größten Teil vergraben. Man hat sie weitgehend wiedergefunden, aber der Schaden, den er angerichtet hat, war immens." Heinrich Becker ist der erste Dieb, der den Dom bestiehlt. Und er muss für die Tat büßen. Er erhält Stockhiebe und zehn Jahre Haft.

Jecke Hilfe.

Zwei Jahre später wird „Die Grosse von 1823 Karnevalsgesellschaft e. V. Köln" gegründet. Die erste Kölner Karnevalsgesellschaft. Da aus dieser Gesellschaft unzählige Gesellschaften hervorgehen werden, wird sie in Köln auch als „Mutter aller Karnevalsgesellschaften" bezeichnet. Im November 1822 findet ein erstes Treffen statt. Die Absicht der Gründungsväter:

„Dem Carneval eine edlere, den gegenwärtigen Zeitverhältnissen eine entsprechende Form zu geben, ihn geistig aus seiner Versunkenheit wieder emporzuheben, ihn gleichsam poetisch zu gestalten".

Nicht ganz 100 Jahre später werden die Kölner „Roten Funken", traditionell an Weiberfastnacht, einen Schutzring um den geliebten Dom bilden, um närrisch Treibende davon abzuhalten, in ihrer geistigen Versunkenheit den Dom anzupinkeln. Ungewöhnliche Hilfe bekommt der Dom dann auch aus der Kölner Halbwelt.

Das Kreuz ist weg.

Es ist der 8. Februar 1995. Am Nachmittag dringen Unbekannte unbemerkt durch den Lüftungsschacht in die Schatzkammer des Domes. Sie stehlen ein besonders wertvolles Kreuz. Es ist nicht irgendein Kreuz. Es ist das silberne Vortragekreuz, das voran getragen wird beim Einzug der Kardinäle. Vielleicht haben die Diebe gewusst, dass es das Lieblingskreuz von Kardinal Meisner war. Bernard Henrichs, der Domprobst, ist verzweifelt.

Ihm ist jedes Mittel recht, dieses Kreuz, das dem Kardinal so am Herzen liegt, wieder an seinen alten Platz zu bringen. Dabei nutzt er seine weltlichen, oder sagen wir unterweltlichen Kontakte. Er bittet „Schäfers Nas" um Hilfe. Eine ungewöhnliche Bitte an einen ungewöhnlichen Gläubigen. Und „Schäfers Nas" schafft es tatsächlich, das wertvolle Stück wieder zu beschaffen. Er droht den Tätern via „BILD" und „Kölner Express". Und das wirkt. Das gestohlene Kreuz wird nur wenige Tage später von einem Mittelsmann unversehrt am Rheinauhafen übergeben.

Am nächsten Tag händigt „Schäfer Nas" das Kreuz dem Dompropst aus. Robert Boecker, Chefredakteur der „Kirchenzeitung für das Erzbistum Köln" erzählt: „Henrichs war zunächst wie vom Donner gerührt, als er aus einer Sitzung im Generalvikariat herausgerufen wurde, weil ein Herr von beeindruckender Statur mit einer Sporttasche dort aufgetaucht war und ihn umgehend zu sprechen wünschte".

„Schäfers Nas" holt das gestohlene Kreuz aus der Sportasche. „Das ging gegen die Ganovenehre, den Dom zu beklauen", erklärt Boecker weiter. „Er hatte alle Hebel in Bewegung gesetzt, um das Kreuz wiederzubeschaffen, denn er verfügte über beste Kontakte zur Unterwelt." „Vom Dom nimmt man nicht, dem Dom gibt man höchstens", erklärt „die Nas" und lehnt die Belohnung von 3000 Mark ab. Der Domprobst erzählt die Geschichte während einer Messe und spricht eine Fürbitte für den kölschen Ganoven.

Millowitsch spielt „Schäfers Nas".

Diese Anekdote aus der Mitte der 90er Jahre ist wohlbekannt. Und sie ist wahr. Und hat eine typisch Kölsche Komponente. Sie schafft es, auf kürzestem Weg, das weltliche, das halbweltliche und das göttliche in einem Atemzug miteinander zu verbinden. Doch die Anekdote hat noch nicht ihr Ende gefunden. Sie geht noch weiter. Und endet auf den Brettern, die die Welt bedeuten. Im Theater.

1998 setzt das Millowitsch-Theater Heinrich Schäfer posthum ein nicht ganz unumstrittenes Denkmal. Peter Millowitsch, der im Gegensatz zu seinem Vater Willy Theaterstücke schreibt, verfasst mit Barbara Schöller das musikalische Volksstück „Der König vom Friesenplatz". In der Hauptrolle: Peter Millowitsch als „Schäfers Nas". Damit wird Heinrich Schäfer zur Legende.

Die Headline des Stücks: „Das ist die (nicht ganz wahre) Geschichte des Heinrich Schäfer, des Königs vom Friesenplatz, der zwar kein ordentlicher Bürger, aber ein guter Mensch ist." Die Story: Der Zuhälter Hein Schäfer ist gestorben, und nun soll eine himmlische Jury, die aus Lady Di, Robin Hood, Agrippina und Al Capone besteht, entscheiden, ob er in den Himmel oder in die Hölle kommt. Dazu muss Hein aus seinem Leben erzählen: Die Jury ist ratlos. Was soll sie mit Hein machen? Für die Hölle ist er zu ehrlich und wohltätig, für den Himmel als Zuhälter aber doch zu fragwürdig.

Ehre, wem Ehre gebührt.

Wenn etwas zu gut ist, um wahr zu sein, ist oft auch nicht wahr. Wer die Täter waren, blieb lange ein Rätsel. Bis Petra Schäfer enthüllt, dass der Kreuzdieb ein Freund ihrer Tochter war. „Ja, das waren Freunde meiner Tochter. Die sind immer klauen gegangen. Auf einmal rief sie mich an. „Wir haben da so ein Kreuz. Das will einer aus der Clique verkaufen. Willst du das nicht für den Hein haben? Ich fragte: Ist das geklaut? Ja. Nee, will ich nicht". Der Täter kommt also aus dem nahen familiären Umfeld von Heinrich Schäfer. Es war der Freund der Stieftochter. Schwer zu glauben, dass Schäfer von dem alles nichts wusste. Sein Gang zur Presse war vielleicht nur ein kluges Ablenkungsmanöver. Und der alte Knochen spürt die Gelegenheit, eine Lichtspur zu hinterlassen. Der alte Schäfer baut seine eigene Legende. Sein Drang ist groß, nicht nur als Verbrecher in die Kölsche Geschichte einzugehen.

TYPISCH KÖLSCH:
LEGENDEN-PHOTOSHOPPING

„Jeder Jeck ist anders, und in Köln sind
Toleranz und Ignoranz Geschwister"
Frank Schätzing, Keine Angst

Dichtung und Wahrheit.

Köln ist ein Phänomen. Die Kölner auch. Und zu ihrer Heimat-
stadt pflegen die Kölner ein ganz besonderes Verhältnis. Geht
es um ihr Köln, kennen die Kölner kein Pardon. Sie sind von
sich eingenommen und überzeugt und sie sind stolz auf ihre
geschichtsträchtige Stadt. Köln ist ein Gefühl. Und wenn die
Fakten nicht zum Gefühl passen, dann gehen die Kölner auch
gerne mal in die Unschärfe oder blenden die Wahrheit einfach
aus. Liebe und Verstand gehen dann getrennte Wege. Die Liebe
zu ihrer Stadt kann dabei auch mal widersprüchlich sein und
ironische Züge tragen.

Auch die Selbst- und Fremdwahrnehmung laufen manchmal
ganz schön auseinander. Ein Beispiel aus der Welt des Sports:
Heißt etwa der FC-Stadionsprecher die auswärtigen Fußballfans
willkommen, sagt er: „Ich begrüße Sie in der schönsten Stadt
der Welt". Viele Gästefans amüsieren sich über diese Behaup-
tung. Und Hand aufs Herz. Auch die Kölner wissen, dass ihre
Stadt nicht nur mit Schönheit gesegnet ist. Aber sie glauben es
irgendwie doch. Sie wollen es einfach glauben.

Steine melken.

Ich habe mit vielen gesprochen aus dem Milieu. Auch über
die Legenden, die in dieser Zeit entstanden sind. Ich habe bei
einigen vergeblich versucht, die Geschichten aus ihnen heraus

zu kitzeln. Bin manchmal kläglich gescheitert. Habe auf Granit gebissen. Manchmal ist interviewen wie Steine melken. Es gibt nachvollziehbare Gründe. Sie wollen ihre Vergangenheit ruhen lassen. Haben die Zeit hinter sich und sind froh darüber. Viele haben Familie und wollen keine schlechten Vorbilder für ihre Enkel sein. Wollen nicht verklären. Sie nehmen ihre Geschichte mit ins Grab.

Die Kölner Selbstbesoffenheit.

Doch manchmal lassen die Toten von sich hören. Zumindest flüstern sie uns zu, wenn wir gut hinhören. Sie sprechen zu uns in Legenden, die sich um sie ranken. So wie auch die Anekdote um den Diebstahl aus dem Kölner Dom. Im Kern ist die Geschichte wahr. Aber ausgeblendet wird dabei, dass die tatkräftige Hilfe aus dem Milieu vermutlich nicht ganz so ehrenhaft ist, wie „Schäfers Nas" es darstellt. Immerhin bezeugt es seine Witwe. Das geht an den Kölnern vorbei. Für die Kölner ist was ganz anderes bedeutend.

Für sie zeigt die Legende, dass selbst einer ihrer größten Ganoven sein Herz wohl doch am rechten Fleck hat. Dass er dem Kölschen Klüngel alle Ehre macht. Und wenn es um den Dom geht, sogar Moral an den Tag legt. Das alles passt perfekt in ihren Kölschen Seelenhaushalt. Die Kölner Seele kommt einem historischen Poesiealbum gleich. Das Vergangene wird zärtlich gepflückt wie eine schöne Blume auf der Wiese. Dann trocken gepresst und ins Album geklebt. Immer und immer wieder schaut man sich die Blumen an, um sich über sich selbst zu freuen, wie schön es doch war damals.

Stabile Unwahrheiten.

Die Kölner blenden aber nicht nur aus. So biegen das Vergangene auch zurecht und fügen ein. Mentales Photoshopping. Dass diese Legende um den Diebstahl aus dem Dom, neben vielen anderen, robust dem Sturm der Zeit widersteht und sich auch jeglicher Aufklärung widersetzt, sagt am Ende mehr über die Kölner Seele aus, als über „Schäfers Nas" und die vielen anderen Milieu-Protagonisten, die in den Legenden auftauchen. Streng genommen verherrlichen die Kölner dabei gar nicht einmal ihre Gauner. In ihrer Selbstbesoffenheit verherrlichen sie sich eigentlich selbst und ihre Stadt. „So wie die Elster mit allem, was sie findet, und sei es noch so unscheinbar, ihr Nest schmückt. Dabei holt sie gerne, was glitzert, hervor. Ob Straß oder Diamant, ist ihr ziemlich gleichgültig", so heißt es in Wolfram von Eschenbachs Parzival. Und so tickt die Kölsche Seele. Nur allzu gerne macht sie Ferien von der Realität. Reiht aneinander, wie sie es will. Ob wahr oder falsch, egal.

Die Konsequenz: Die oft wiederholten Unwahrheiten verwandeln sich in stabile Zustände. Typisch Kölsch eben.

WIE IM WILDEN WESTEN: DIE KÖLNER COWBOYS

DIE AXT IM HAUS ERSPART DEN ZIMMERMANN

Hieb und stichfest.

Ob er den „Wilhelm Tell" von Schiller gelesen hat, steht in den Sternen. Dass er sich den berühmten Satz daraus „Die Axt im Haus erspart den Zimmermann" zu Herzen genommen hat, steht jedoch fest. „Hermanns Tünn" ist gelernter Karosseriebauer mit Gesellenbrief. Er macht sich einen Namen als gefürchteter Schläger und bekommt so seine Chance beruflich umzusatteln. 1970 bietet ihm sein Kumpel, der „Kuhlse Rudi", einen Türsteherjob im „Scotchmans Club" an. Sein Einstiegsjob ins Milieu bringt ihm pro Abend 150 DM. Später wird er Lude und steinreich. Sein Spitzname: „Die Axt". Und dem macht er alle Ehre. Wenn er in der Nacht im Milieu unterwegs ist, trägt er meist einen Gitarrenkoffer mit sich. Nicht weil er musikalisch ist. Aber er lädt er gern mal zu einem Ständchen ein, wenn die Stimmung entsprechend ist. Dann holt er die Axt aus seinem Koffer, die sich dort statt einer Gitarre verbirgt. Ein schlagfertiges und scharfes Argument zugleich um seine Gegenüber ganz unmusikalisch einzuschüchtern.

Schlagfertig.

Zu seinem treuen Ausgehutensil kommt „Herrmanns Tünn" wie die Jungfrau zum Kinde. Als ihn ein Hilferuf aus dem Milieu ereilt, es droht ein Krawall mit Wiener Luden, die sich im Kölner Milieu breit machen wollen, fügen sich zwei Dinge nahtlos zueinander: die Axt und der Gitarrenkoffer. Er kommt gerade vom Boxtraining, sitzt mit Freunden in der Kneipe. Zufällig hängt dort ein scharfes Schmuckstück an der Wand. Diese Axt nimmt er sich und macht sich damit auf die

40

Socken. Als er einem Straßenmusikanten begegnet, kommt ihm die Idee. Er leiht sich dessen Gitarrenkoffer aus, packt seine Axt hinein. In der Kneipe angekommen, fliegen erst nur die Worte zwischen den Kölschen Jungs und den Wiener Luden. Als er dann seinen Gitarrenkoffer öffnet, lacht einer der Wiener: „Machst du Fiffi hier die Musik? „Tünn" nimmt die Axt in beide Hände und schlägt sie in die Theke. Die Holzsplitter fliegen durchs Lokal. Die Wiener sind baff. Und schwer beeindruckt. „Ich mache jetzt Musik für dich", entgegnet „Tünn". Sein musikalischer Einsatz zeigt Wirkung. Die Wiener ziehen ab. Seinen Gitarrenkoffer mit der Axt hat „Herrmanns Tünn" seitdem immer dabei, wenn er Dienst schiebt im Milieu. Nicht ganz regeltreu dem Ehrenkodex des Kölschen Milieus.

EINE NEBENROLLE FÜR EINE BANANE

„Das Kino ist kein Stück Leben,
sondern ein Stück Kuchen"
Alfred Hitchcock

Sissi und der „Dummse Tünn".

Die Deutschen und die Österreicher. Zwei Länder mit wechselhaften Beziehungen zueinander. Die meisten Österreicher jubeln, als unter Hitler der Anschluss vollzogen wird. Nach dem Krieg kriegen sie es trotzdem hin, sich den Alliierten als Opfer von Hitler-Deutschland zu verkaufen. Die Österreicher sind bekannt für ihren Sarkasmus, den sie auch gerne gegen sich selbst richten. Einer von ihnen, der spottende Billy Wilder: „Den Österreichern ist es gelungen, aus Beethoven einen Österreicher und aus Hitler einen Deutschen zu machen". Nach dem Krieg wird Österreich schnell beliebtes Urlaubsziel der Deutschen. Die beiden Länder werden quasi im Autoverkehr wieder vereint.

Mit dem Wirtschaftswunder in Deutschland ab den 50er-Jahren steigt die Zahl der deutschen Gäste beträchtlich. Und auch im Kino rücken die beiden Staaten eng aneinander: „1955 vermählte sich Österreich mit Deutschland, zumindest auf der Leinwand". Mit „Sissi" produziert Ernst Marischka den wohl berühmtesten Liebesfilm dieser Zeit. Eine schmachtende Liebesgeschichte in einer verklärten heilen Welt. Die Protagonisten: der junge Kaiser Franz Joseph und die bayerischen Prinzessin Elisabeth. Gespielt von Karlheinz Böhm und Romy Schneider.

Sie wird später den „Dummse Tünn" zum Leibwächter haben. Zwölf Jahre später ist es wieder vorbei mit dem harmonischen Miteinander. Nun droht Deutschland von den Österreichern eingenommen zu werden. Und wieder ist der „Dummse Tünn" im Spiel.

„Heißes Pflaster Köln".

1967 kommt der Film „Heißes Pflaster Köln" in die Kinos. Klaus Löwitsch und Arthur Brauss spielen die Hauptrollen. Regisseur ist der Österreicher Ernst Hofbauer, der auch für den „Schulmädchenreport" dieser Zeiten verantwortlich ist. Die Produktionsfirma Lisa ist auch aus der Alpenrepublik. „Dass dafür ganz buchstäblich Österreicher an den Rhein kommen mussten, ist Ironie des Schicksals".

„Heißes Pflaster Köln" spielt im Kölner Milieu. Schildert den Kampf zweier rivalisierender Banden. Die „Kölner" gegen die „Wiener", die sich bis aufs Messer bekämpfen. Der österreichische Zuhälter Poldi will ins Kölner Rotlichtmilieu einsteigen. Das passt den Kölnern Luden überhaupt nicht. Der Film schildert zudem den Kampf des Düsseldorfer Staatsanwalts Dr. Stauffer gegen das organisierte Verbrechen in Köln. Gedreht wird „Heißes Pflaster Köln" an Originalschauplätzchen: Hohe Straße, Schildergasse, Rheinpromenade und der Messehalle. Dort wird der Showdown des Films stattfinden.

Mit dem Film trifft Hofbauer offensichtlich in eine offene Wunde. Die Kölner Presse verreißt den Film. Es fehle jegliche Nähe zur aktuellen Realität. Es handle sich um ein Grusical, das fälschlicherweise zeigt, dass noch immer der Teufel in Köln los ist. Die Presse schreibt, der Film mache die Kölner Polizeibeamten zornig. Denn die Schlägercliquen, die Köln einst terrorisierten, seinen gezähmt. Auch weil der schlimmste Prügelknabe von ihnen, Anton Dumm, hinter Gittern sitzt. Sie sollten sich irren. Die Zeit des Kölschen Milieus und auch die von Anton Dumm ist noch längst nicht vorbei, sondern setzt sich in den 70er und 80er Jahren fort.

Echte Vorlage.

Arthur Brauss spielt den Ganoven Paul Keil. Seine Stärken: lässiges Herumlungern, eine schnelle Faust und dumme Sprüche. Paul wird schnell jähzornig. Besonders dann, wenn es um den Staatsanwalt geht, der ihm auf den Fersen ist. Nicht nur für Kenner der Szene ist es eindeutig. Der Film lehnt sich an die echten kriminellen Vorgänge im Kölner Milieu an, rund um die Machenschaften von Anton Dumm. Denn: Dumm stand in den Vorjahren wirklich auf Kriegsfuß mit einem Staatsanwalt, der aus Düsseldorf nach Köln delegiert wird, um aufzuräumen. Im Film heißt er Dr. Stauffer. In der Realität ist es Werner Haas, Kriminalrat. Vom NRW-Innenminister ausgestattet mit Sondervollmachten.

Einfluss aus dem Klingelpütz.

Zur Premiere des Films kann Anton Dumm nicht erscheinen. Im Dezember 1965 wird Dumm festgenommen und später wegen Notzucht, Zuhälterei, Körperverletzungen und Fahrens ohne Führerschein im Oktober 1966 zu einer dreijährigen Zuchthausstrafe verurteilt. Erst sitzt er im Klingelpütz. Es stellt sich schnell heraus, dass er von dort weiter seinen Einfluss im Kölner Milieu spielen lassen kann. Von Dumms Freunden werden Staatsanwalt und Richter bedroht. Deshalb wird er nach Düsseldorf verlegt.

Dumm kümmert sich aber nicht nur um juristische Angelegenheiten. Sein Image ist ihm auch nicht ganz unwichtig. Arthur Brauss, alias Paul Keil, alias Anton Dumm, berichtet über eine ungewöhnliche Begegnung während einer Drehpause. „Hofbauer und ich waren im Hotel, da stand plötzlich der bekannte Unterweltler, die „Banane" mit seinem Schäferhund vor uns. Der hieß übrigens Banane, weil er so einen langen... Der fragte dann: „Drehen Sie hier einen Film über den Dummsen Tünn?" Hofbauer: „Ja, warum?". „Das geht nicht!".

Das ist nun nicht mehr Film. Dies ist Wirklichkeit. Eine erste Begegnung mit dem echten Kölner Milieu. Brauss und Hofbauer bitten um Bedenkzeit. Es dauert nicht lange, da haben sie eine Idee. In „Heißes Pflaster Köln" dreht es sich oft um den typisch Kölschen Klüngel. Den setzen sie nun in die Tat um. „Als wir ihm dann eine Rolle angeboten haben, ging es doch und wir hatten die besten Kontakte".

Falsches Köln.

„Heißes Pflaster Köln" macht nicht nur die Kölner Polizei zornig. Die Stadtoberen möchten den Fremdenverkehr für ihr geliebtes Köln ankurbeln. Dafür braucht die Stadt ein liebenswertes und friedliches Image. Daran wackelt der Film gewaltig. Dass der Film in seiner zwar schablonenhaften Art durchaus charmante Züge trägt, wird übersehen. Vielleicht hat er die Stadt für viele Touristen eher interessanter gemacht. Das Bild jedenfalls, dass der Film von Köln spiegelt, kommt dem Plan der Stadtoberen alles andere als entgegen.

„Heißes Pflaster Köln" kommt vermutlich dem wahren Köln zu dieser Zeit näher, als das Image, das die Stadt vermitteln will. Mit einer Szene setzt Hofbauer den Zuständen in Köln die Krone auf. Ein typischer Kölner Biedermann, der erklärt, dass er über die unzumutbaren, moralischen Verhältnisse im Kirchenvorstand vorsprechen wird, landet nur kurze später im Bett einer Prostituierten, als wäre es das normalste auf der Welt. Dieses Zitat macht noch ganze 40 Jahre später Geschichte in der Late Night des Deutschen Fernsehen.

Die von Dirk Dautzenberg im Film gesprochene Textzeile „Das werden wir mal im Kirchenvorstand besprechen" ist 2010 ein Running Gag in vielen Aufzeichnungen von Stefan Rabs TV Show „TV total".

KETTENREAKTION

Wie im Wilden Westen.

Bösewichter behaupten, ein guter Western sei ein Film, in dem der Held klüger ist als sein Pferd. Als Kind habe ich gerne Western geschaut. Und wie der Kronkorken auf die Bierflasche, das denke ich heute noch, gehört zu einem richtigen Western eine handfeste, unterhaltsame Schlägerei. Dabei darf auch mal ein ganzer Saloon komplett zu Bruch gehen. Und so richtig schlimm verletzt hat sich ja nie jemand dabei. Leider hat sich dieser gepflegte Prügel-Zeitvertreib der Cowboys fast vollkommen aus der Filmwelt verabschiedet. Und ist der stillosen, dumpfen Gewalt gewichen.

Der Dicke Johnny.

Sein Spitzname: „John Wayne ohne Bein", eigentlich heißt er Jonas Acs. Die Familie Acs lebt in Ungarn. 1956 fordert Ungarn den Abzug der Russen. Moskau schickt Panzer. Die Familie flüchtet. Mutter, Vater, Schwester Marika und Bruder Martin. Johnny ist neun Monate alt, als sie nach Köln kommen. Zur Schule geht er auf der Wilhelm-Schreiber-Straße. Heute heißt sie Peter-Lustig -Schule.

In ihrer Jugend ringen Johnny und sein drei Jahre älterer Bruder Martin. Bei Germania Ossendorf. In ihren Gewichtsklassen werden beide Vereinsmeister. Als junger Mann geht Johnny in die Gastronomie. Seine erste Kneipe die er betreibt ist „Em drügge Pitter" in Köln-Ehrenfeld, auf der Venloer Straße. In den 80ern steigt er im „Grön Eck" ein. Zusammen mit Roger Wittlers, der mal Wirtschafter im Eros-Center war, betreibt er sieben Jahre lang die Kneipe.

Anfang der 90er arbeitet Johnny als Türsteher im Eroscenter. 2017 macht er dann seine eigene Kneipe auf „Beim Dicken

Johnny", auf der Palmstraße 33, gleich gegenüber vom „Grön Eck". Im März 2018 muss er schließen. Der Besitzer hat andere Pläne mit seinem Haus. An der Ecke Palmstraße, wo nach dem Zweiten Weltkrieg immer eine Kneipe war, jahrzehntelang auch die nostalgische Gaststätte „Palms Pief", ist damit Schluss mit Gastronomie.

Anfang der 80er waren sie im „Kiebitz", in Vogelsang. Auf der Vogelsanger Straße. Ein knappes Duzend Milieu-Leute feiern dort. Es geht hoch her. Es ist kurz nach Mitternacht. Johnny bringt eine Freundin nach Hause, kommt zurück ins „Kiebitz". Keiner mehr da. Das Telefon hinter der Theke klingelt. Johnny hebt ab. Johnny erreicht ein Hilferuf. Handys wird es erst in ein paar Jahren geben. „Essers Klaus" hat aus der „Neptunstube" auf der Venloer Straße angerufen. Es gibt eine handfeste Auseinandersetzung dort.

Kurz bevor das Taxi kommt, kommt Johnnys Freund Peter durch die Tür. Natürlich kommt er mit. „Schlägereien waren sowas wie eine Wochenendunterhaltung. Ich habe mich nie gerne geprügelt. Aber wenn jemand aus dem Milieu Hilfe brauchte, waren wir da. Immer", erklärt mir Johnny.

Neptunstube.

Vor der Kneipe liegt der bewusstlose „Schmitze Udo". Er hat einen Schlag mit einem Queue, einem Billiard-Stock, abbekommen. Sie eilen in die Neptunstube. Die Luft ist stickig und verraucht. Die Gardinen vergilbt. In der Ecke blinkt ein Spielautomat wild vor sich hin. An den holzvertäfelten Wänden kleine Lampenschirme. Einige sind zu Bruch gegangen. An einem Tisch in der hintersten Ecke, gleich neben den Toiletten, sitzen ein paar ängstlich, zusammengekauerte Rentner. Mitten in der Kneipe steht ein Billardtisch.

Eine Handvoll Männer aus dem Milieu sind im Getümmel. Die anderen sind knapp in der Überzahl. Einen davon erkennt Johnny. Es sind wohl Typen aus der Düsseldorfer Türsteherszene. „Es ist oft so, dass viele drumherum stehen. Aber die wenigsten machen wirklich mit. In den Erzählungen klingt das natürlich dann immer ganz anders." Johnny weiß nicht mehr, wie lange die Schlägerei gedauert hat. „Wahrscheinlich kommt einem das im Nachhinein viel länger vor. Man hat einen Tunnelblick. Vergisst die Welt um sich herum". Johnny kriegt einen deftigen Faustschlag ins Gesicht. Er stürzt zu Boden. Der Düsseldorfer Konkurrent beugt sich über ihn: „Na, hast Du genug, Dicker?".

Am Boden.

Johnny fasst sich ins Gesicht. Blut an den Fingern von der Platzwunde über dem rechten Auge. „Wenn man am Boden lag, war der Kampf beendet. Man muss das ja nicht gleich glorifizieren, aber diese Sicherheit hatte man damals", sagt Johnny. Er hat also Zeit, am Boden liegend, sich zurecht zu ruckeln. Dabei fällt ihm auf, dass seine Halskette in dem Tumult verloren gegangen ist. Ihm liegt sehr viel an diesem Geschenk seiner Frau. Eine robuste Goldkette, 750er Gold. Ohne diese Kette kann er sich nicht zuhause blicken lassen. Die Kette muss gefunden werden.

Er ruft in die Runde: „Stopp". Und alle hören sofort auf. Schauen Johnny an. Und er berichtet von der Bedeutung seiner Halskette. Und von dem Ärger, den ihn erwartet, wenn er ohne dieses Schmuckstück nach Hause kommt. Die Solidarität der Männer ist geweckt. Alle suchen nun gemeinsam nach Johnnys Halskette. Ein Düsseldorfer, mit einem Gips am Unterarm, findet Johnnys Kette unter dem Billardtisch. Er überreicht sie ihm. Und die gesamte Runde atmet auf. Ist wieder auf dem Boden der Tatsachen angekommen. Und irgendwie haben nun auch alle genug.

Hungerturm.

Johnny gibt erleichtert eine Runde aus. Für alle. Viel gesprochen wird nicht. Aber in friedlicher Eintracht trinken alle noch ein letztes Bier zusammen. Danach geht es für die Düsseldorfer zurück in die Heimat. Eine solcher Reviereinbruch hätte in der

Regel einen Rachefeldzug des Kölner Milieus zur Konsequenz. In diesem Fall bleibt er aber aus. Johnny: „Die Düsseldorfer haben sich ja durchaus fair verhalten. Wir haben den anderen davon erzählt. Und so ließen wir die Geschichte auf sich ruhen. So war das damals". Die Glasvitrine auf der Theke in der Neptunstube ist ohne Schaden geblieben. In dem sogenannten „Hungerturm" sind Frikadellen, Mettbrötchen und ein paar Wiener Würstchen. Der „Dicke Johnny" angelt sich zwei Mettbrötchen. Schlägereien machen hungrig. Mit dem Nichtrauchergesetz kommt das Verbot, dass in Kneipen kein Essen mehr auf der Theke angeboten werden darf. Das war das Ende des „Hungerturms". Auch die Zeiten sind vorbei.

DIE LUDEN UND IHRE STATUSSYMBOLE

„Auch halte ich mein Herzchen wie ein krankes Kind,
jeder Wille wird ihm gestattet"
Goethe, Die Leiden des jungen Werther

Ästhetische Verbrechen.

Vielversprechende Sprösslinge aus vornehmen Kölner Familien sind die meisten nicht. Ihre Schullaufbahnen mögen kurz gewesen sein und doch sind die meisten ganz schön clever. Und sie wollen mitmischen bei der Umverteilung des Eigentums. Sie wollen ans große Geld. Ihre Träume von einem Leben in Luxus und Ansehen sind dabei oft nur sehr vage. Und mit dem Geld, das viele zuhauf verdienen, schmücken sie sich oft mit krachenden Statussymbolen. Viele verfügen über ein eher verstörendes Stilgefühl. Und sprengen damit jegliches bürgerliche Maß. Oft sind sie inspiriert von den Stars aus den Kinofilmen und TV-Serien ihrer Zeit. Viele erfüllen sie sich ihre pubertären Träume.

Sie mögen für manche wie lächerliche, proletarische Gockel wirken, aber sie ziehen ihr Ding durch und sorgen damit für Aufmerksamkeit und Aufsehen. Und bleiben auch deshalb vielen in Erinnerung. Auch in ungewollter. Schauen wir uns die Statussymbole des Milieus an. Den Männern ist es wichtig, der Welt zu zeigen, dass sie erfolgreich im Geschäft stehen. Und sie zeigen es mit protzenden Autos, schillerndem Schmuck und demonstrativer Kleidung.

Die Autos.
Überholt werden, kränkt das Ludenherz.

Die Ära des Autos als ungetrübtes Statussymbol geht in unseren Tagen zu Ende. Dem Milieu ist die kritische Distanz zum Auto fremd. Ihre Liebe zu PS-starken und protzigen Schlitten kennt keine Grenzen. Ohne die heißen Karossen ist das Kölner Milieu nicht denkbar. Je auffälliger der fahrbare Untersatz, desto begehrenswerter der Typ hinterm Lenkrad. Auch Zuhälter leben von ihrem Renommee. „Auf dicke Autos steht doch jeder, klar waren sie damals für uns das wichtigste Statussymbol. Autos sind doch für Männer wie Spielzeuge für kleine Jungs". In den 60er Jahren sind unter den Kölschen Luden die Klassiker der Nobelmarken angesagt.

Besonders beindruckt Heinrich Schäfer mit seinem Aufgebot: Ein Lincoln mit 7,4 Liter-Maschine, ein Oldsmobile und ein Ferrari in strahlendem Rot. Der „Dummse Tünn" fährt Porsche, Mercedes und Jaguar. Dumm erzählt Journalisten einmal von einem mit ihm befreundeten Polizisten, der seinen 265-PS-Jaguar fahren möchte. Dumm erfüllt ihm seinen Wunsch. Der Polizist fährt mit dem Jaguar schnurstracks vor die nächste Mauer. Dumm zahlt den Schaden. Peter Frisch, der „Frischse Pitter" fährt einen Mustang-Cabrio. Neben seiner Vorliebe für schnelle Sportwagen fährt „Abels Män" auch mal Rolls Royce. Der Geldfälscher Kuhl kann sich einen Lamborghini leisten. Die Geschäfte von „Hermanns Tünn" laufen auch sehr gut. Er fährt einen schneeweißen Rolls Royce. Roland Bebak, Ex-Chef der Discotheken „Titos" und „Checkers" über den Rolls Royce: „Wenn man den fährt, können die Leute einen nicht einschätzen. Aber alle haben Achtung. Den kannst du auch mit Jogginghose fahren".

Good Lack: Länger, dicker, breiter.

Mit der Zeit zieht die Moderne ins Milieu. Übel getunte Autos werden der Renner. Bebak fährt in den 70ern einen US-Jeep, den

„Night Ranger" mit satten 500 PS. Sein „Lamborghini Countach" mit 492 PS hat mintgrüne Sitze, integrierte Bildschirme in der Mittelkonsole, technisch weit seiner Zeit voraus.

Das Highlight in Bebaks Fuhrpark: Der „Weiße Hai", ein Porsche 928 S4, den er sich bauen lässt. Er hat Videokameras als Rückspiegel. „Gut, dass der Sprit damals so billig war, denn die Dinger haben gefressen ohne Ende".

In den 80er Jahren fahren die Luden von Welt: Lamborghini Countach, Rolls-Royce Silver Shadow und Mercedes 600, den Pontiac Firebird, BMW 635 CSI, Porsche 911, oder im Ferrari vor. Die Anfänger der Branche mussten sich mit der Einsteiger-Hierarchie der „drei C" zufrieden geben: Capri, Camaro, Corvette. Hamburgs Vorzeige-Zwielichtgestalt Kalle Schwensen belächelt diesen Kölschen Modetrend. Er hat ihn nicht mitgemacht. Seine Meinung zu Zuhälterkarren: „Ich mag große, bequeme Limousinen. Ferrari und Porsche bauen gute Autos, aber da kommst du nur mit dem Schuhlöffel rein". Bebak fährt heute einen Mercedes mit 580 PS. „Man wird mit dem Alter ja ruhiger", lacht der Tempo-Junkie.

„Es ist teuer, billig auszusehen"
Dolly Parton

Kostümzwang.

Die Kölner Milieu-Szene war nicht zu übersehen. Man wollte ja auch erkannt werden. Dabei cool und lässig erscheinen. In jenen Tagen sehen Kriminelle noch wie Kriminelle aus. Ihr Aussehen, ihre Kleidung ist alles andere als alltäglich. In unseren modernen Zeiten gibt es kaum noch Dresscodes. Man kann sich auf Veranstaltungen zeigen wie man will. Nach Lust und Laune. Verkleidungszwang gibt es nicht mal an Karneval. Einen partiellen Kostümzwang kennt man nur noch, wenn es ums Ganze geht, wenn das Deutsche Bundesgesetz auf der Tagesordnung steht, also beim Bundesverfassungsgericht.

So streng wie dort ist der Dresscode im Milieu aber nicht. Es gibt Vielfalt, aber auch durchaus erkennbare Muster im Outfit.

Da gibt es die eine Gruppierung, die sich regelmäßig in Sport-studios rumtreibt. Oder es zumindest vorgibt. Deren Dresscode: Trainingsanzüge. Das macht das Umziehen einfach. Und das Outfit ist zudem knasttauglich. Daneben sind Hemden aus Satin oder Seide sehr beliebt in der Szene. Natürlich nur bis zur Mitte zuknöpft. Nur zu gerne zeigt man seine blanke, sonnenbankge-bräunte, aufgepumpte, muskulöse Brust. Lederjacke und Stiefel in alter Wildwestmanier sind oft zu sehen. Ausnahme: Anton Dumm. Er schwört auf die Weisheit des Bankräubers Forrest Tucker: „Eine der Weisheiten, die er in seinem Verbrecherleben gesammelt hat, lautet: Wenn du stilvoll gekleidet bist, merken die Leute sofort, dass du weißt, was du tust".

Schnauzbärte und lange Mähnen gehören auch zum guten Ton des Milieus. Dauerwelle mit kleinen Löckchen, die Minipli-Fri-sur. Mit seiner Minipli-Haarpracht fällt besonders der „Frischse Pitter" auf, der jahrelang als Bordell-Wirtschafter arbeitet. Unter den Statussymbolen besonders wichtig: der richtige Schmuck. Um den Hals große und auffällige Goldketten. Die Hände mit goldenen Ringen und vielen Steinen geschmückt, dicke Rolex-Uhren. Der „Lange Tünn": „Mit 18 hatt' isch minge eeschte Rollex, die hat drei Mille jekostet, dat wor damals ein Vermöjen".

Vorbilder und Ideale.

Die Kölschen Jungs gebären sich oft wie Schauspieler. Inspiriert sind sie von Hollywoods Gangsterfilmen. Die Kölschen Luden sind inspiriert von Filmen die Mario Puzos „Der Pate" und „Goodfellas". Eine Ex-Prostituierte erzählt mir: „Die jungen Zuhälter spielen sich oft auf. Die glauben gleich, sie sind Al Ca-pone." Andere kommen sich vor wie Lino Ventura oder Humphrey Bogart. Oder ihre Kleidung erinnert an die Indianer des Wilden Westens, so wie die romantischen Kino-Klischees es zeigen. Ihre Luden Outfits sind von vom Fernsehen, von Filmen und aus dem Kino geprägt. Die Fiktion hat Wirkung auf die Wirklichkeit.

TÜR AN TÜR MIT ALICE

Clowneske Outfits.

Schräge, schillernde Outfits und extravagante Modestile werden im Milieu unter den Luden gepflegt. Ihnen ist es besonders wichtig, der Welt zu zeigen, dass sie nun nicht mehr Teil der Tristesse der Kölner Arbeiterfamilien sind, aus denen sie stammen. Sie geben sich als bunte Paradiesvogel, was zum Teil clowneske Züge annimmt. Eine besondere Vorliebe entwickelt der „Frischse Pitter". Seine maßgeschneiderten Lederanzüge passt er gerne an die Wagenfarben seiner wechselnden Cabrios an. „Abels Män" prahlt mit besonders exotischen Klamotten. Zeigt sich gerne in extravaganter Fußbekleidung, langen Pelzmänteln und Schlangenleder-Anzügen. Sieben Pelzmäntel hat er besessen und sieben Schlangenlederanzüge. Schneidern lassen hat er sich die in Thailand.

Doch manchmal steckt in einem Luden-Outfit nicht unbedingt ein Lude.

(1968) Carl-Ludwig Cremer ist ein Tausendsassa in der Kölner Unterhaltungsszene. Der Gastronom betreibt zahlreiche Lokale auf den Kölner Ringen: die Diskothek „Panoptikum", die Kneipe „Omas Schnapshaus" und das Café „Santa Marlena". Das „Santa Marlena" liegt direkt am Rudolfplatz. Heute befindet sich dort das „Sion am Ring", die erste offizielle „Kölsche Sportsbar", die regionale Küche, wie das „Poldi-Schnitzel", anbietet.

In jungen Jahren ist Cremer ein schmächtiger Kerl. Sein Spitzname: „Ghandi". In den 1960er Jahren ist er ein echtes Mannsbild. Aus dem schmalen Jungen von damals ist ein breitschultriger Mann geworden, der keine Feier auslässt und sich zu wehren weiß, wenn es drauf ankommt. Theo Becker, viele Jahre Stammgast in Cremers Kneipen: „Er war ein besonderer Typ, er machte immer nur Blödsinn". Sein „Santa Marlena" ist Treffpunkt für viele Stars. Stammgäste sind: Inge Meysel, Joachim Fuchsberger und Udo Jürgens. Aber nicht jeder war willkommen in seinem Party-Imperium. Auch nicht im „Santa Marlena". Der „Lange Tünn" erinnert sich: „Jeder wollte in das Café, aber nicht jeder kam rein".

Cremers Café „Santa Marlena" hat eine harte Türe. Cremer macht sie oft selbst. Immer an seiner Seite: Sein Boxer-Hund, der ihm im Ärger beisteht. In ruhigeren Zeiten steht auch schon mal keiner an der Tür. Dann sorgen die Angestellten des „Santa Marlena" dafür, dass nur passende Gäste in entsprechender Kleidung im Café sitzen. Auch sie dürfen Cremers Boxer holen, wenn Ärger droht.

Für die Auswahl seiner Gäste und deren realistische Einschätzung braucht man ein gutes Händchen. Und ein gutes Näschen. Manchmal liegt man mit beidem daneben. Ob Mensch oder Hund. Weil er den jungen Mann, der ihm zu schillernd gekleidet erscheint, für einen Zuhälter hält, bittet ein Angestellter des „Santa Marlena" den Gast, das Café zu verlassen. Da auch der Boxerhund Ghandi in seiner Nähe zu knurren beginnt, der ja nachweißlich ein gutes Näschen hat, ist er sich seiner Sache sehr sicher.

„Bei dem jungen Mann, der aus dem Café geworfen wurde, weil sein Erscheinungsbild die Angestellten an einen Zuhälter erinnerte, musste sich Cremer allerdings entschuldigen. Es war Schlagersänger Howard Carpendale"

Tür an Tür mit Alice.

Howard Carpendale ist Südafrikaner, besitzt auch die deutsche Staatsbürgerschaft. Carpendale wird 1963 südafrikanischer Jugendmeister im Kugelstoßen. In den 70er Jahren fährt er Formel-3-Rennen in Deutschland. Der Schlagersänger hat seine größten Hits in den 70er und 80er Jahren. „Next Door To Alice" wird 1976 ein weltweiter Hit für die englische Band „Smokie". Die deutsche Version von Howard Carpendale aus dem Jahr 1977 wird ebenfalls ein großer Erfolg.

Carpendales Anwalt knurrt.

Zurück zum „Santa Marlena". Howard Carpendale fühlt sich derart gedemütigt, dass er die Sache nicht einfach auf sich beruhen lässt. Er schaltet seinen Anwalt ein. Und der macht, was Cremers Boxer machte. Er fängt bedrohlich an zu knurren. Carpendales Anwalt richtet eine schriftliche Beschwerde an Cremer. Cremer antwortet darauf in seiner typisch Kölschen Art. Sein erfahrener Hund, der bislang immer über gute Menschenkenntnisse verfügt habe, sei irrtümlicherweise nervös geworden, schreibt er in seinem Antwortbrief. Carpendale habe sein Café verlassen müssen, sonst wäre er nicht mehr vor seinem Hund geschützt gewesen. Cremer möchte sich aber auch persönlich bei Carpendale entschuldigen. Er lädt den Sänger auf einen Kaffee ins „Santa Marlena" ein. Auf die Einladung des „Discokönigs vom Rudolfplatz" ist Carpendale nicht eingegangen. Anfang der 70er Jahre muss Cremer alles verkaufen. Er hat finanzielle Probleme. Seine Mitarbeiter im „Santa Marlena" haben ihn über Jahre bestohlen. Um 250.000 DM haben sie die Kasse des Cafés erleichtert. Im November 2014 endete Ghandis Leben nach langer Krankheit.

1999 hat Carpendale einen kurzen Auftritt in einem Videoclip von den „Fantastischen Vier". Selbstironisch spielt Carpendale hier Smudo, wie er sich selbst wahrnimmt, nachdem er nach einem Ausbruch und einigen Eskapaden in Freiheit wieder in die geschlossene Anstalt zurückgebracht und von seinen Fans gefeiert wird.

VON DEN KÜNSTLERN
IM MILIEU UND DEN
KRIMINELLEN KÜNSTLERN

HAUTNAH MIT DEN STARS

Das „Klein Köln" in der Friesenstraße wird 1926 eröffnet und erhält als erste Kölner Kneipe eine Nachtlizenz. Lange Zeit steht der „Lange Tünn" an der Tür. Zum Epizentrum des Milieus wird das „Klein Köln" Anfang der 60er Jahre. Dafür sorgt der Wirt Dieter Becker, „Beckers Schmal". Becker ist der Mentor vieler Jungluden. Zeigt ihnen, wie das Geschäft funktioniert. Und führt sie in die entsprechende Gesellschaft ein. Das „Klein Köln" zieht das Milieu an. Hier trinken Luden, Hehler und Diebe die Nächte durch. „Solide Leute", so nennt sie der „Lange Tünn", trauen sich in diesen Zeiten kaum herein: „Wenn du hier nur einen falsch angeguckt hast, kriegtest du schon einen K.O. Und wenn du gefragt hast warum, gleich noch einen hinterher". Das „Klein Köln" sei „Die Mutter aller kölschen Milieukneipen". Das schreibt „Der Spiegel" über diese Zeiten.

Die unsittliche Atmosphäre zieht auch Promis an.

Im „Klein Köln" feiert aber nicht nur das Milieu. Unter Stammgästen waren auch Stars aus den verschiedensten Szenen. Hier ein paar prominente Beispiele: Kölner Musikprominenz, wie „King Size Dick" ist oft im „Klein Köln" zu sehen. Er ist Jahrgang 1942, eigentlich heißt er Heinz Ganss. Von Beruf ist er Fernfahrer. Er fährt auch die „Bläck Fööss". Bei einem Song „Linda Lou" übernimmt er einen Gesangspart. 2002 wird King Size Dick die Willi-Ostermann-Medaille verliehen. Die höchste offizielle Auszeichnung die man im Kölner Karneval kriegen kann. Auch Jürgen Zeltinger, Jahrgang 1949, genannt „de Plaat", die Glatze, der Kopf der Kölner Musikrocker „Zeltinger Band" ist oft im „Klein Köln" zu sehen. An Weiberfastnacht 1979 hat die Band ihren ersten Auftritt. Im Kölner Nachtclub „Roxy". Die Band schlägt ein wie eine Rakete, so dass in den verbleibenden

Karnevalstagen ganze 19 weitere Konzerte folgen. Ihre bekanntesten Lieder „Müngersdorfer Stadion", „Stüverhoff" und „Asi mit Niwoh". Für die Songs typisch ist der atemlose Gesang und der Kölsche Duktus von Zeltinger. 1980 geht die Band sogar auf gemeinsame Deutschlandtournee mit den „Boomtown Rats". Auf die Frage, ob Köln eine gefährliche Stadt damals war, sagt Zeltinger: „Ach was. Nein. Wer sich auskannte, hatte nichts zu befürchten. Aber so genannte Ausländer, wenn die auf Weltmeister machen wollten, bekamen aufs Maul. Aber an und für sich habe ich nie größeres Theater erlebt. Klar, beim Saufen nachts gibt es immer mal Schlägereien. Aber es hielt sich alles im Rahmen".

TV-Prominenz scheute das „Klein Köln" auch nicht. So wie Diether Krebs. 1973 wird er bekannt durch Wolfgang Menges Fernsehserie „Ein Herz und eine Seele". Seine Rolle: Michael Graf, der schnoddriger „Sozi"-Schwiegersohn von Alfred Tetzlaff, gespielt von Heinz Schubert. 1986 hatte er einen Kurzauftritt als Friseur „Hubsi" in Helmut Dietls Erfolgs-Mehrteiler „Kir Royal".

Oder Richard Rogler, bekannt durch seine Gastauftritte im „Scheibenwischer", moderierte die Kabarett-Sendung „Mitternachtsspitzen". In der „Lindenstraße" spielte er den betrügerischen Makler Panowski. Rogler erhält dreimal den „Deutschen Kleinkunstpreis", den „Deutschen Kabarettpreis", den „Telestar" und den „Adolf-Grimme-Preis".

Das verruchte „Klein Köln" zieht auch Exzentriker wie Heiner Lauterbach an. Heiner Lauterbachs Kinokarriere beginnt Mitte der 1970er Jahre als Darsteller im „Schulmädchen-Report". 1985 gelingt Lauterbach der Durchbruch mit Doris Dörries Filmkomödie Männer, in der er neben Uwe Ochsenknecht die Hauptrolle spielte und für die er mit dem Bundesfilmpreis ausgezeichnet wurde.

Elf Luden sollt ihr sein.

In den 70ern hat Dieter Becker eine außergewöhnliche Idee. Er gründet einen Fußballklub. Die Mannschaft: nur Zuhälter. Der „FC Johnny" trainiert regelmäßig dienstags und donnerstags auf den Poller Wiesen. Immer im Trikot des aktuellen Weltmeisters.

Im Winter werden Hallenturniere gespielt. Die Sieger im „Klein Köln" geehrt. Der Club tritt sogar zu selbst organisierten Auswärtsspielen in Österreich, der Schweiz und auf Marbella an. Zu dem Stammkräften von Beckers Mannschaft zählte der „Frosch", „Wegener Jupps", „Kuhlse Rudi", „Bonner Berni", „Schmitze Udo" und „Essers Häns".

„Ein Lude wird kommen" ist die Hymne des „FC Johnny": „Ein Lude wird kommen, und mir die Kuppe nehmen, die ich so schwer verdient hab, in einer langen Nacht". Gesungen wird sie zur Melodie von „Ein Schiff wird kommen". Auch auf dem Fußballplatz protzen die Luden gerne. Bei einem Auswärtsspiel in Wien reitet ein Kölner Lude mit einem Schimmel zum Anstoß.

Prominente Kicker.

FC-Spieler Gerry Ehrmann und Dieter Müller trinken im Klein Köln ihr Bier. Bernd Schuster lernt hier seine Frau Gaby kennen. „Langer Tünn": „Früher war der Fußball und auch die Mentalität der Spieler ganz anders (...) Die Fußballer kamen auch regelmäßig in die Diskotheken, in denen wir die Tür gemacht haben. Günther Netzer zum Beispiel war alle 14 Tage da. Auch Spieler vom FC. Natürlich stand das niemals in irgendeiner Zeitung, aber das war allgemein bekannt". Dass der „FC Johnnny" auch mal als Sieger vom Platz geht, liegt an der Unterstützung der Kölner Sportprominenz. Und zwar Prominenz mit Rang und Namen. FC-Ikone Heinz Flohe, Mittelfeldspieler beim 1. FC Köln und ein guter Freund von Dieter Becker, trug als Gastspieler des Öfteren das Trikot des FC Johnny.

Heinz Flohe.

Flohe ist Deutscher Meister 1978, DFB-Pokalsieger 1968, 1977, 1978 und Weltmeister 1974. Flohe, auch „Flocke" genannt, hegt in seiner Jugend große Sympathien für den FC Schalke 04. Wollte eigentlich dorthin gehen, doch seine Mutter bestand darauf, dass ihr Sohn in der „Heimat" spielen sollte. Zur Presse hat Flohe zeitlebens ein schwieriges Verhältnis. Mehrere Einladungen für „Das aktuelle Sportstudio" schlägt er aus. Seinem Heimatverein TSC Euskirchen war er lange verbunden und beobachtete regelmäßig die B- und A-Jugend-Spiele.

1979 erlitt Flohe durch ein schweres Foul einen komplizierten Schien- und Wadenbeinbruch, der das Ende seiner aktiven Karriere bedeutete. Flohe bezog als erster Profi-Fußballspieler eine Invalidenrente. Flohe macht nie einen Hehl aus seinen Milieu-Kontakten. Er posiert nur zu gerne auf den Mannschaftsfotos vom „FC Johnny". Er war ein großer Fan des Boxsports und besuchte regelmäßig Profi- und Amateurkämpfe. Da war er im Klein Köln genau an der richtigen Adresse.

Boxen.

Köln war eine Box-Hochburg. In den Sartory-Sälen gegenüber vom Klein Köln finden viele populäre Boxkämpfe statt. Dieter Becker ist ein guter Organisator. Er holte viele Boxer nach Köln. Für sie war das „Klein Köln" das Wiegelokal, wenn gegenüber im Sartory gekämpft wurde. Hier trafen sich Boxer wie René Weller und Dariusz Michalczewski. Graciano Rocchigiani Vitali Klitschko. Nach den Kämpfen feierte hier das Publikum. Und oft waren auch die Boxer mit dabei.

Mit seinem goldenen Mercedes 500 Sec parkte René Weller oft direkt vor dem Klein Köln. Er verkauft auch mal Goldschmuck aus seinem Koffer. Bei den Kämpfen sitzt das Milieu in der ersten Reihe. „Jupp" Elze, Willi Niederau, „De Aap". Und „De Aap" ist einer von den ganz besonderen Boxern. Seine Karriere spiegelt die Kölner Seele wider wie kein anderer Sportler.

EIN AFFE FLIPPT AUS

„Dä Ress d'r Republik, dä denk: Die han se nit mih all.
Un vielleich han se Räch un mir sin all beklopp,
dat es uns och ejal"
Bläck Fööss: Die kleine Saache

Klüngel-Lizenz.

Das Milieu und das Boxen. Das passt wie die Faust aufs Auge. Boxen, das ist ein archaischer, durch und durch ursprünglich, männlicher Sport. Auge um Auge, Zahn um Zahn. Einer der größten Kölner Boxhelden ist Peter Müller. Müller kommt 1927 in Köln-Sülz zur Welt. Seine Lizenz zum Profiboxer wird ihm erst einmal verweigert. Wegen Diebstahls zu sechs Monaten Gefängnis verurteilt, erfüllt er nicht die Aufnahmebedingungen. Der Straffvollzug gibt sich aber gnädig, wandelt die Strafe in Bewährung. Die scheinheilige Begründung: Peter Müller habe von den geraubten Dingen nichts für sich verwendet, sondern nur den armen Leuten gegeben. Auch der Boxverband drückt ein Auge zu. Einen potentiellen Publikumsmagnet stellt man nicht kalt. Ein Klüngeldeal im großen Stil.

Mit einem Schlag berühmt.

Der gelernte Melker kann seinen ersten Berufsboxer-Vertrag nicht unterzeichnen. Er ist Analphabet. Peter Müller wird fünfmal deutscher Meister im Mittelgewicht, zwei davon holt er in den 60er Jahren. Er trainiert ungern und unregelmäßig. Die vom Trainer verordneten Waldläufe lehnt er ab. Seine Ausrede: „Meine krummen Kosakenbeine sind dazu nicht geeignet". Mit einem Schlag wird Peter Müller weltberühmt. Im Jahre 1952. Der Ringrichter Max Pippow verwarnt ihn zum wiederholten Male wegen Haltens seines Gegners. Es kommt zu einem Wortwechsel:

Müller: „Wat trennste mich dann dauernd, do Jeck!

Dä Mann is jroß, un ich bin klein, ich will dä in de

Ribbe bumse"

Pippow: „Halten Sie den Mund, weiterkämpfen"

Rasend vor Wut, haut Müller den Ringrichter um. „Schiedsrichter Max Pippow fiel wie ein Brett auf den Boden des Rings, sagte acht Minuten keinen Ton mehr". Den eigentlichen Skandal kommentiert die Presse augenzwinkernd: „Endlich konnte er so boxen, wie er das schon immer wollte. Ganz ohne Ringrichter". Dieser Ausraster macht den Profiboxer endgültig zur Kölner Kultfigur. Das Foto seines KO-Schlages hängt heute noch in vielen Kölner Kneipen. Kölsche Liebe eben. Die Fans geben ihm einen eigentlich despektierlichen Kosenamen. Wegen seiner starken Brustbehaarung, dem knautschigen Gesicht und seiner primitiven, naiven Unbeherrschtheit nennen sie ihn „De Aap", den Affen. Müller hatte es aber nie beleidigend empfunden, dass man ihn als Affen bezeichnet.

Kölsche Raudi.

Er ist oftmals unbeherrscht, prügelt noch auf seine Gegner ein, wenn sie schon längst am Boden liegen. Unzählige Male wird er disqualifiziert. Auch außerhalb des Rings kann er sich nicht zügeln. Er schlägt einen Straßenbahnschaffner k. o., weil der ihn nicht erkennt. Der Boxverband lässt ihn, als er 26 war, von Ärzten der Nerven-Heilanstalt in Köln-Lindenthal untersuchen. Das Ergebnis: diplomatisch. Wieder stehen finanzielle Interessen im Vordergrund.

Weil man ihn braucht, um die Hallen zu füllen, entzieht man ihm nur kurz seine Lizenz. An Peter Müller hielt der Boxverband fest. Von ihm erwartete man eine internationale Karriere. Und er war immer ein Garant für ein gefülltes Haus.

Ihm schlägt Toleranz entgegen.

Gnädig gestimmt, kann man einen seiner weiteren Fehltritte als unberechenbaren Scherz auslegen: Kurz nach dem Krieg gewinnt Peter Müller einen Kampf in den USA. Der Box-Veranstalter weiß nicht, welcher Hymne sie zu seinem Sieg spielen können. Es gibt noch keine neue Nationalhymne. Peter Müller ergreift kurzerhand die Initiative. Er hat noch Luft. Lässt sich eine Mundharmonika geben und spielt das Horst-Wessel-Lied. Er hält die einstige Parteihymne der NSDAP fälschlicherweise für das Deutschlandlied. Dem „Aap" hat das damals kaum einer übelgenommen. Und auch die Zuschauer im ZDF-Sportstudio, in dem er am 10.5.1975 diese Geschichte zum Besten gab, reagierten mit anerkennender Heiterkeit. Auch die deutsche Presse und seine Fans nehmen ihm das nicht übel. Seine Ausrutscher und Extravaganzen änderten nichts an seiner Popularität.

Die Fans und die Medien mochten ihn, weil er genau das Gegenmodell ist zu den Gentleman-Boxern wie Vitali Klitschko und seinem Bruder Wladimir Klitschko. Seine Kölner Fans verzeihen ihm alles, feierten ihn trotzdem oder gerade wegen solcher Ausfälle. Sie liebten seine kernige, emotionale Art, für sie war er einfach ein Original. „Die Kölner haben ihm alle Eskapaden verziehen. Irgendwie war der „Underdog" Müller einer von ihnen: „Ne Jung uss dem Lääve." Unter seiner harten Schale trägt Peter Müller ein großes Herz.

Etliche Damen fortgeschrittenen Alters erzählen von Müllers Helferqualitäten. Vielen von ihnen hilft die „Aap" die steilen Stufen der alten Kölner Straßenbahnen hinauf. Ob sie wollten oder nicht".

Clay gegen Frazier.

1971 heißt Muhammad Ali noch Cassius Clay. Sein Kampf gegen Joe Frazier ist der erste, der in Deutschland live übertragen wird. Der Kampf beginnt um 3.25 Uhr deutscher Zeit. Die ARD bittet Müller einen Programmhinweis aufzusagen.

Sonderlich komplex ist er nicht. „Nicht vergessen: Boxen diese Nacht 3.25 Uhr Clay gegen Frazier im ersten Programm. Bitte aufstehen nicht vergessen." Auf YouTube gibt es ein Video, wie dieser Programmhinweis zustande gekommen ist. Müller treibt die Macher des Spots an den Rand des Wahnsinns.

Letzter Kampf.

Seine Fans machten ihn größenwahnsinnig. Die Frauen küssten ihm nach dem Kampf im Ring die Oberschenkel. Erst nach 176 Kämpfen mit 132 Siegen ging Müller 1966 in Box-Rente. 1966 kämpft er seinen letzten Kampf. Vor 20.000 Zuschauern im Müngersdorfer Stadion. Als er im Juni 1992, mit 65 Jahren stirbt, geben ihm sage und schreibe 4000 Trauernde das letzte Geleit. Darunter auch Box-Prominenz wie René Weller und Horst Brinkmeier. Max Schmeling schickt einen Kranz mit Lilien, Weltmeister Hans Schäfer steht mit etlichen FC-Spielern am Grab, auch die Bläck Fööss und die Höhner sind da.

In Köln kursierten mehrere wahre oder gut erfundene Müller-Anekdoten. Als Beispiel sei die Persiflage eines Waschmittel-Werbespots zitiert: Der OMO-Reporter fragt Peter Müller:

„Was halten Sie von OMO?" Antwort: *„Dä schlahn ich in der ersten Rund kapott"*

Und er konnte über Witze, die über ihn kursierten, selbst am besten lachen.

NIE WIEDER UNKRAUT

„Die Welt will betrogen sein"
Sebastian Brant

Ganovenkunst.

Auch in dieser Anekdote gehört meine Sympathie den Gaunern.
Sie haben oft ein seismografisches Gespür für die Gesellschaft.
Sie wissen gut ihre Mitmenschen einzuschätzen. Sie gehen gezielt
und strategisch vor und wissen insbesondere um die Schwächen
der Menschen. Und nutzen diese gnadenlos aus.
Diese Lust an der Übertretung erwacht in manchem Ganoven
auch deshalb, weil er spürt, dass die Welt betrogen werden will.
In diesem Fall bringen zwei Gauner mit einem simplen Satz ihre
Opfer dazu, ihre Geldbörsen zu öffnen. Ein kleines Ganoven-
Kunststück, das sie dem Dichter verwandt erscheinen lässt.

Das „Corso" und die Capri-Fischer.

Hermann Portz ist gelernter Pflasterer. Seine Frau ist gelernte
Friseurin und im Szenejargon: stocksolide. 1952 Portz verdient
sein Geld als Türsteher im „Corso", am Friesenplatz, da ist er
gerade 21 Jahre alt. Heute ist es „La Strada". Neben ihm machten „Käze Köbes" und „De Füss" dort die Tür. Drei Freunde,
die sich die Schichten problemlos aufteilen. Vermittelt hat die
drei jungen Kerle „Schäfers Nas". Das „Corso" ist gut besucht,
hat einen guten Namen. Der Besitzer auch: Rudi Schurike, der
wohl bekannteste Schnulzensänger der 50er Jahre. Sein Ohr-
wurm-Titel, „Der Capri-Fischer".
Sein Lied mit dem unvergesslichen Refrain „Wenn bei Capri
die rote Sonne im Meer versinkt" ist der erfolgreichste deutsche
Nachkriegsschlager. Schuricke singt von Capri, der italienischen

Felseninsel im Golf von Neapel. Er singt von den Capri-Fischer dort, der roten Sonne, die im Meer versinkt und der bleichen Sichel des Mondes, die blinkt. Über die Qualität seines Gesangs schreibt Hellmuth Karasek, Schuricke habe einen schaurig-hellen Tenor. Und seine Stimme habe so viel sexuelles Timbre wie eine Glatze Haare hat.

„Traue nicht dem Ort, wo kein Unkraut wächst"
Gärtner-Weisheit

Türsteher.

Am Abend verdienen die drei kölschen Jungs 300 Mark, bar auf die Hand. Das ist ein Spitzenlohn für die drei und für diese Zeiten. Da im „Coco" Krawatten- bzw. Schlipspflicht herrscht, verdienen die Kerle noch am Verleih der Accessoires. Das bunte Treiben ihres Mannes im Milieu ist seiner Gattin nicht geheuer. Sie lässt sich scheiden. Hermann denkt über andere Verdienstwege nach. Der „Pastor" hat eine Idee. Seinen Spitznamen hat er, weil er immer schwarz trägt und wegen seiner sonoren Stimme. Und er hat eine Idee. Die beiden setzen also eine Anzeige auf. In der „Quick", „Der Stern", „Revue" und der „Hör Zu!". Der Text ist kurz und präzise:

„Nie wieder Unkraut?"

Die Anzeige trifft den Nerv der Zeit und die Leser der Illustrierten. Nur zu bereitwillig senden unzählige Interessierte mit grünem Daumen, die erforderlichen 10 DM in Briefmarken, die die Anzeige fordert.

Dass die Aufgeber der Anzeige lange Finger haben, ahnt niemand. Herrmann und der „Pastor" staunen nicht schlecht. Rund 4000 melden sich. Die beiden haben keinen grünen Daumen, aber Humor. Ihr Ratschlag, den sie den Einsendern geben:

„Nie wieder Unkraut? – Garten betonieren. Grün streichen".

67

14 der verprellten Interessierten lassen die Sache nicht auf sich beruhen. Sie ziehen vors Gericht. Der Fall geht bis vors Landgericht Köln. Die beiden Kinder des Milieus kommen durch. Dürfen die Briefmarken behalten.

Ein paar Wochen nach dem Prozess sind Herrmann Portz und seine EX-Gattin wieder miteinander verheiratet.

KÖLSCHER BLÜTENZAUBER

„Jede noch so billige Fälschung ist ein Original"
Julian Nasiri

Missratener Bruder des Künstlers.

Outlaws, Gauner, Hallodris und Schwindler gibt es viele im Milieu. Sie sind oftmals sehr charmant, amüsant rührend zugleich. Manche sind elegant, lässig, männlich und sanft zugleich. Sie alle wollen ein selbstbestimmtes, unabhängiges und freies Leben führen. Einer normalen Arbeit dafür nachgehen, das will keiner von ihnen. Das Verbotene reizt sie, weil sie damit schneller ans Geld kommen. Aber es verleiht ihn auch einen Kick. Den suchen sie. Der Kick, der fernab ist vom Alltäglichen. Ein Ganove ganz besonderer Art ist Hans-Jürgen Kuhl. Der Kölsche Geldfälscher. Viele behaupten, der beste weltweit. Ihm liegt die Kunst der Täuschung im Blut. Sein Handwerk beherrscht er perfekt. Es ist vielleicht kein ehrbares Handwerk, aber doch ein Handwerk, dem man durchaus Respekt abverlangen kann. So mancher Gauner ist ein „missratener Bruder des Künstlers". Hans-Jürgen Kuhl ist Künstler und Gauner zugleich. Und wie sollte es anders sein bei einem typischen, Kölschen Jung: An Humor fehlt es ihm nicht.

Tausendsassa.

Hans-Jürgen Kuhl, Jahrgang 1941, aufgewachsen in Köln-Braunsfeld. Sein Vater ist Fabrikbesitzer. Mit seinem Vater spricht er kaum. Auch die zwei Haushälterinnen kümmern sich kaum um ihn. Er hat fünf Geschwister. Er schließt eine Ausbildung zum Fotokaufmann ab. Dann arbeitet er zunächst als freier Grafik-Designer und Repro-Fotograf.

Heute ist er 1,85 Meter groß, dünn, hüftsteif, raue Haut, tief liegende Augen hinter einer bügellosen Brille. Sein Spitzname: „De Duv", die Taube.

Er ist ein Kind des Kölschen Milieus. Obwohl er ganz anders ist, als die vielen anderen dort. Mit den milieutypischen Verbrechen hat er nichts zu tun. Aber er pflegt mehr als gute Kontakte in der Szene. Auch zu Schäfers Nas und dem „Dummsen Tünn". „Bin reingerutscht", sagt er, lacht. „Es begann wie ein Spiel damals". Kuhl hat viele Talente. Er ist Grafiker, Maler und Modedesigner.

Kleider machen Leute.
Manchmal ist es umgekehrt.

Seine erste Firma geht pleite. Ein Kumpel haut ihn dabei übers Ohr. Er verliert seine ersparten 485.000 DM. Doch er gibt nicht auf. Als er erfährt, dass in London die Hotpants populär sind, setzt er sich zu seiner Schwester in die Waschküche, an die Nähmaschine, und schneidert seine ersten heißen Höschen.

Seine Hotpants im Hippie-Style schlagen ein im Markt. Auch seine Mäntel und Jacken verkaufen sich sehr gut. Zu seinen Kunden zählen auch der „Dummse Tünn" und „Schäfers Nas". Er ist fleißig, arbeitet viel. Und verdient gutes Geld. Und er lebt für den Moment. Der Gedanke daran, eine Familie zu gründen kommt ihm nie. „War ja auch nie Zeit dafür." Und der Gedanke, Geld für später zurückzulegen, ist ihm genauso fremd.

Er führt ein aufregendes Leben, genießt den Spaß, der es ihm bietet. Mit seinem Lamborghini fährt er oft nach Amsterdam oder Paris. Aber er hat eine schwäche fürs Spiel. Und viel von seinem Vermögen verliert er in den Casinos, die er zu häufig besucht.

Kuhl macht es nochmal.

Dann bekommt er finanziell Probleme. Er verliert sein Gespür für den Markt. Vieles läuft falsch. Seinen Kredit kann er kaum noch abstottern. Einige Jahre zuvor war er zu eineinhalb Jahren Haft auf Bewährung verurteilt worden. Wegen Geldfälscherei.

Er wird überredet. Lässt sich noch einmal darauf ein. Macht es noch einmal. Kuhl will einen guten Job machen. Sein Ziel: Die perfekte Dollarblüten. In Kuhls Atelier brennen die Lichter nun länger. Eine gewaltige Aufgabe. Denn Dollarnoten sind schwer zu fälschen.

Die Dollarnote. Schwer zu fälschen.

Erstes Papiergeld gibt es in China zur Zeit der Min-Dynastie, im 13. Jahrhundert. Gedruckt wird es auf Maulbeerbaumrinde. Ab dem 18. Jahrhundert zirkuliert neben dem Münzgeld zunehmend das Papiergeld. Heute wird das meiste Papiergeld in den USA gedruckt. US-Dollarnoten dürfen nur in den USA gedruckt werden. Und zwar nur an zwei Orten dort: In Washington D. C. und Fort Worth, Texas. Man erkennt es an der Anwesenheit oder Abwesenheit eines winzigen „FW" für Fort Worth in der unteren rechten Ecke der Vorderseite der Note, woher der Dollarschein stammt.

Aufgrund der grünen Farbgestaltung der Rückseiten der Banknoten wird der Dollar umgangssprachlich auch als „Greenback" bezeichnet. Das Grün soll die Stärke und Stabilität der Regierung zum Ausdruck bringen und Vertrauen in die Währung schaffen. Die Herstellungskosten einer Dollarnote liegt bei 3,6 Cent. Hauptbestandteil des Dollar ist Denim, ein besonders fest gewebter Baumwollstoff. Die Seriennummer aller Dollarscheine folgt einem einheitlichen Schema: Zwei Großbuchstaben, gefolgt von acht Ziffern, abschließend ein weiterer Buchstabe. Um Fälschungen so schwierig wie möglich zu machen, gibt es diverse Sicherheitsvorkehrungen. Darunter ein Sicherheitsfaden, der sich durch den Schein zieht. Dieser silberne Faden ist im Druck nicht reproduzierbar. Die feinen Mikroschriften und Linienstrukturen auf der Dollarnote sind zwar für das Auge sichtbar, werden aber nur schwer von Kopierer, Scannern und Druckern erkannt.

Gleiches gilt für die detaillierten Porträts und Bilder. Alle Dollarnoten haben Wasserzeichen, die durch die verschiedenen Dichtegrade des Papieres entstehen. Die Tinte ist optisch veränderlich. Bei unterschiedlichem Betrachtungswinkel verändert sich die Farbe der Aufschrift. Das Design der Scheine wird alle sieben bis zehn Jahre verändert. Damit soll die Sicherheit der Währung zusätzlich gewährleisten werden.

Frisch ans Werk.

Kuhl besorgt sich bei der Sparkasse einen 100-Dollar-Schein. Kauft sich eine Offsetmaschine vom Feinsten. Die Herausforderung ist groß. Es fängt schon an bei dem Stoff des Scheines. Diese spezielle Baumwolle ist nicht aufzutreiben. Kuhl versucht das Original aus den USA zu bekommen, erfolglos. Alternativ nimmt er einen Stoff, den er im ehemaligen Jugoslawien auftreibt. Auch wenn der etwas leichter ist als das echte Dollar-Papier. Das Wichtigste aber: Es leuchtet nicht unter UV-Licht.

Dann scannt er den 100-Dollar-Schein ein, ändert mit dem Grafikprogramm Photoshop die Seriennummern. Er fasst zwölf Scheine zu einem Bogen zusammen, die er fotografiert, um dann mit Hilfe der Fotos Druckplatten zu erstellen. Um den richtigen Grünton zu kreieren, kombiniert er das Siebdruck- und Offsetverfahren. Mit Offset druckt er die Scheine vor, dann lässt er sie durch die Siebdruckanlage laufen. Das Resultat: Die fast perfekte 100-Dollar-Note. Nur der Silberstreifen ist nicht zu fälschen.

Im Visier der Ermittler.

Im September 2006 machen zwei Arbeiter der Abfallverwertung einen seltsamen Fund. Sie finden Plastiksäcke mit Dollarnoten und Dokumenten. Kuhl hat vergessen, die Blüten und die Unterlagen zu schreddern. Die Arbeiter melden ihren Fund der Polizei. Die Dokumente führen die Ermittler schnell auf die Spur von Kuhl. Das Bundeskriminalamt überwacht sein Telefon. Tag und Nacht wird er observiert. Ganze acht Monate lang. Dann schlägt das BKA zu. Die Sonne knallt vom Himmel an diesem Tag. Der Tag, an dem sich Kuhls Leben gewaltig ändern wird. Kuhl trägt gerade eine Kiste mit Dollarblüten aus seinem Atelier. Da biegt ein LKW in seine Einfahrt. Er hält mit quietschenden Reifen. Uniformierte Männer springen aus dem LKW. Sie werfen Kuhl zu Boden, fesseln ihn mit Kabelbinder. Das BKA geht auf Nummer sicher. Es sind 30 Männer der GSG 9, die das BKA für den Einsatz vorgesehen hat. Nachdem sie Kuhl dingfest gemacht haben, durchsuchen sie sein Atelier. Und sie finden dort gefälschte Blüten im Wert von 16,5 Millionen Dollar. Der drittgrößte Fund von falschen Dollarnoten weltweit. Das BKA informiert den Secret Service. Das muss das BKA. Wenn gefälschte Dollar auftauchen, muss die US-Behörde eingeschaltet werden. Auch wenn keine der Scheine in Umlauf gekommen sind.

Der Prozess.

Das Niveau der Blüten ist erschreckend perfekt, stellen die Experten fest. Nicht nur die Staatsanwaltschaft und der Richter zollen Kuhl großen Respekt. Auch die Gutachter des Secret Service sind mehr als erstaunt über die Qualität der Blüten. Jürgen Kuhl genießt nun den zweifelhaften Ruf, einer der besten Geldfälscher weltweit zu sein. Das Urteil fällt milde aus. Auch weil Kuhl sofort gesteht. Der Oberstaatsanwalt sagt noch, es sei eine Schande, was Kuhl bei seinen Kenntnissen und Fähigkeiten aus seinem Leben gemacht habe. Als der Oberstaatsanwalt ihm bescheinigt, dass er doch ein außergewöhnlich intelligenter Mann sei, entgegnet Kuhl: „Säße ich dann hier?". Kuhl geht dafür sechs Jahre ins Gefängnis. Er sitzt ein in der JVA Euskirchen. Vier davon sitzt er ab, dreieinhalb davon im offenen Vollzug. „Nach zwei Tagen in U-Haft war mir klar, wie bekloppt ich war".

Der Kuhl ist kein richtiger Gangster. Er ist ein Intellektueller. Ein Künstler mit sensationellem Talent. Er sorgte für weltweites Aufsehen damit. Er wollte noch einmal ans große Geld. Noch einmal in Saus und Braus leben. So wie damals. Sein Kunsthandwerk kann er einmal noch vor großem Publikum darstellen.

Im Rahmen der ZDF-Sendereihe Terra X geht es in zwei Folgen ums Thema „Fälschung". Kuhl wirkt mit. Stellt hier noch einmal detailliert vor, wie er die Blüten produziert hat.

Als Kuhl einmal von einem Reporter gefragt wird, was wohl „Schäfers Nas" zu seinem kriminellen Kunststück gesagt hätte.

„De Duv" sagt, „Schäfers Nas" hätte ihm wohl folgendes gesagt: „Jot jemaht! Ävver Minsch Jung, woröm has do dich dann erwische losse?".

VON PUFFMÜTTERN, PUFFBESUCHEN UND DER SCHEINHEILIGEN KIRCHE

DIE PUFFMUTTER UND IHRE TEUFLISCHEN MÄDCHEN

Mutti sitzt im Knast.

„Ich war eine gute Puffmutter", sagt sie im nikotinrauen Kölsch. Mir sagt sie es ein wenig zu laut. Denn die Gäste am Nachbartisch schauen ein wenig irritiert zu uns rüber. Sie merkt es nicht. Oder ihr ist es einfach egal. Meine Frage, ob sie denn auch eine gute Mutter gewesen sei, macht sie zum ersten Mal ein wenig nachdenklich. Sie schweigt. Die Frage hallt in ihr nach. Nach einer Weile sagt sie, glücklicherweise dann etwas leiser: „Zwei Jahre saß ich im Klingelpütz. Um meine beiden Töchter hat sich meine Schwester in der Zeit gekümmert. Zwei Jahre lang hatte ich keinen Kontakt zu ihnen". Schnell hellt sich ihre Miene wieder auf. „Als ich den beiden Hübschen nach der Haft zum ersten Mal gegenüberstand, wusste ich, dass sie viel Gutes von mir haben. Meinen Hang zur Ordnung. Und den Sinn fürs Geschäftliche". Denn mit einem frechen Grinsen im Gesicht, sagt Monika, die größere von den beiden als erstes: „Mutti, Du schuldest mir noch Taschengeld für die letzten 24 Monate".
Aber fangen wir die Geschichte doch besser von vorne an.

Durchgangsverkehr.

Das Bordell oder sagen wir salopp der Puff, ist ein Ort, an dem Frauen ihre sexuellen Dienstleistungen anbieten. Der Begriff Puff stammt ab von einem Würfelbrettspiel, das im Mittelalter in den Kneipen gespielt wird, wo auch Prostituierte verkehren. Die Begegnungen von Freier und Dirne hier sind unverbindlich. Die inszenierte Lust der Frauen kommt einem trostlosen Spiel gleich. Trotzdem lassen sich unzählige Männer täglich in deutschen Bordellen bedienen. Alle haben Geld dabei. Zeit dagegen keiner.

Im Kölner Pascha weiß man genau um seine Kunden. Der typische Bordellbesuch dort ist meist ein kurzes Vergnügen. Es herrscht Durchgangsverkehr. Die durchschnittliche Verweildauer im Laufhaus, also von Klinke zu Klinke, liegt im Schnitt bei etwa zehn Minuten.

Die Welt des Milieus ist männlich. Fast.

Die Frauen sind die Ware in dem Geschäft. Verfügbare Schmuckstücke, mit denen Männer ihren Handel betreiben. Damals im Milieu und auch heute noch sind die Strippenzieher im Bordellbetrieb männlich. Die Welt im und rund ums Gewerbe kann sehr schnell sehr rau und kalt werden. Es gibt viele schlechte Männer, die sich dort rumtreiben. Viele verdorbene Freier. Dann müssen die Frauen geschützt werden. Von Männern, die auch oft Dreck am Stecken haben.

Doch manchmal sind die Frauen nicht nur Ware. Mal mischen auch Frauen mit im Geschäft. So wie Schäfers Frau Petra. Dass die Treue ihres Mannes Grenzen hat, weiß Petra. Sie hält es aus, dass es neben ihr noch viele andere Frauen gibt. Und Schäfer hat etliche Geliebte. Er ist schwanzgesteuert, wie sie es salopp formuliert. Aber, sie schätzt seine Verlässlichkeit und fühlt sich sicher an seiner Seite. Und tatkräftig hilft sie ihrem Mann als Wirtschafterin in einem seiner Bordelle. Sie ist eine Steherin. Es gibt aber auch Frauen, die nicht nur an der Seite der Männer stehen. Manche sind nicht nur Randerscheinungen, sondern „Herr" im Haus. Und einer davon bin ich begegnet.

Die Frau als „Herr" im Haus.

Wenn Jasmin lacht, dann lacht sie. Dann beben ihre Brüste. Dann wackelt der Schmuck, der reichlich um ihren Hals hängt. Dann wackelt der ganze Tisch hier im Haus Scholzen. Und das Kölsch im Glas gleich mit.

Da sitzen wir nun. Johnny, die ehemalige Puffmutter und ich.

Wir lachen viel an diesem Abend. Ein Geräuschpegel irgendwo zwischen Kindergeburtstag und einem startenden Lufthansa Airbus. Ich muss sie mehrmals daran hindern, sich eine Zigarette am Tisch anzuzünden. Wenn sie könnte, wie sie wollte, würde sie jetzt Kette rauchen. Dass ich kein Lokalverbot bekomme an diesem Abend, liegt an den guten Kontakten, die ich zur Familie Scholzen pflege. Ich bin Stammgast bei ihnen in Ehrenfeld auf der Venloerstraße.

Flatrate-Sex.

Jasmins Haare sind schwarz gefärbt. Ihr Humor ist noch schwärzer. Sie ist von imposanter Leibesfülle. Nicht nur was ihre Brüste angeht. Zu ihrem weiten Rock trägt sie eine weiße Bluse aus leichtem Gewebe. Dreiviertelarm, ein breiter, mit Rüschen verzierter Spitzkragen. Auch der Gürtel, den sie eng um ihre Taille trägt, ist reich verziert. Der figurbetonende V-Ausschnitt setzt ihre Oberweite gekonnt in Szene.

Sie erzählt von ihrem Club, dem „Club Jasmin". Ende der 60er Jahre war sie die Chefin dort. Die betuchten Kölner gingen bei ihr ein und aus, darunter oft auch Prominenz. Prominente aus den verschiedensten, kulturellen Himmelsrichtungen, Musiker, Sportler und Künstler. Die Freier, die bei ihr verkehrten, hatten noch Manieren, erzählt sie. Das Liebesgeschäft sei ganz anders gewesen, damals. Ganz anders als heute.

„Heute ist es doch nur noch ein nüchternes Discountgeschäft"

Sie könne nicht für die vielen namenlosen Prostituierten sprechen, sagt sie. Aber sie weiß, es tun sich Abgründe auf im Bordellbetrieb von heute. Die Prostituierten werden emotionslos abgehandelt und erniedrigt. Die Dirnen müssen unzählige Freier bedienen. Industrielle Massenabfertigung, Flatrate-Sex. Das hält doch keine normale Frau aus. Das ist einfach nur würdelos. Und nur mit Alkohol oder Drogen zu ertragen. Es kommt dem Sklavenhandel gleich. Sowas gab es damals nicht. Keine Ahnung, ob sie recht hat. Sie klingt auf jedenfalls überzeugend, wenn sie berichtet.

Liebesakt mit Umwegen.

Unter den Kölnern Freiern, scheut so mancher die Straße. Das Licht der Öffentlichkeit und die grellen, nüchternen Etablissements meidet er. Er will seine Lust diskret ausleben. Wer das nötige Kleingeld hat, besucht die privaten Clubs, die es auch im Kölschen Milieu gibt. Hier fühlt er sich sicher. Hier ist es diskreter, bequemer und behaglicher. In ihrem Club ist die Einrichtung vom Allerfeinsten. Alles auf Hochglanz poliert. Es herrscht Luxus im „Club Jasmin". Oder zumindest der Schein von Luxus. Der französische Philosoph Paul-Michel Foucault betrachtet das Bordell als eine Art Traumbild. Er nennt das Bordell einen „Ort jenseits aller Orte, der eine Illusion schafft, welche die gesamte übrige Realität als Illusion entlarvt". Diese Illusion inszeniert Jasmin für die Männer, die ihren Club besuchen. Hier begegnen sich Freier und Dirnen auf verspielte, fast träumerische Art. Bei gepflegter musikalischer Unterhaltung plaudert und trinkt man mit den Damen, tanzt mit ihnen. Der Weg zum Liebesdienst ist keine Schnellstraße. Hier geht er Umwege.

Den Dirnen, die hier arbeiten, geht es weitaus besser, als den Dirnen auf den Kölner Straßen und in den üblichen Bordellen. Denn, wie die Freier, sind auch sie hier nicht dem oft öffentlichen Blick ausgesetzt. Und hier gehen ihre Kunden meist respektvoll mit ihnen um. Die Freier sind keine Rüpel, meist gepflegt, umgänglich und oft auch spendabel, sehr spendabel. Jasmin hat den Mädchen immer ihre Souveränität gelassen.

„Als Clubbetreiberin bin ich ja Vermieterin,
keine Zuhälterin. Meine Mädchen haben entschieden,
wen sie mit aufs Zimmer nehmen"

Weiblicher Machismo.

„Die Männer sind alle verschieden,
aber die Ehemänner sind alle gleich"
William Somerset Maughan

Man muss nicht Psychologie studiert haben. Oder therapeutische Erfahrung besitzen. Aber ohne eine gewisse Menschenkenntnis ist eine Puffmutter verloren. Die wäre im Kölschen Milieu damals untergegangen. Auch wenn die meisten Freier von Haus aus Manieren hatten, nach dem zehnten Kölsch, benahm sich der ein oder andere doch mal wie ein Flegel. Dann muss man sich sehr schnell auf die verschiedensten Herausforderungen einstellen. Ein Gefühl dafür entwickeln, wann eine wenig Härte nötig ist oder man mit Feingefühl die Probleme löst. Meist reichen die leisen und freundlichen Töne. Laut muss sie nur selten werden. Sie weiß: Moralische Paukenschläge stimmen die Männer seltener friedlich. Sie glaubt, die erinnern sie an die Belehrungen ihrer Eltern. Das macht die Männer nur noch aggressiver. Wenn man die Männer richtig anpackt, dann kriegt man alles wieder hingebogen. Am Ende lagen wir uns dann oft freundschaftlich in den Armen. Verzeihen können, gehört also auch zu den Charakterprofil einer guten Puffmutter. Außerdem haben wir keinen der Männer jemals übers Ohr gehauen. Egal wie betrunken er auch war. Sie haben es am Ende immer geschätzt, dass wir uns ihnen gegenüber seriös verhalten haben. Und deshalb sind viele auch immer wieder gekommen. Wir haben am meisten von diesen Stammgästen profitiert.

Das Puffprofil der Männer.

In der sicheren und behaglichen Atmosphäre, vergessen die naiven unter den männlichen Gemütern schnell, dass es sich bei den Dirnen einzig und allein ums Geld dreht. Dass es im „Club Jasmin" ums Geschäftliche geht. So finden sich oft unter den Freiern welche, die die gefallenen Mädchen retten wollen.

Jasmin, ausgestattet mit dem Potential einer guten Psychologiestudentin, weiß um die schiefe Moral dahinter. Auch wenn es sicherlich einige unter den Männern ehrlich meinen. Und die Mädchen in guter Absicht auf andere Wege führen wollen. Immer schwingt diese verlogene, moralische Überlegenheit mit. Und allein die lässt die Männer sich schon besser fühlen. Jasmin hat nur allzu oft gesehen, wie sich ein Kunde in eines ihrer Mädchen verliebt hat. Und irgendwie ist ihre Bar auch eine Art Heiratsinstitut gewesen, sagt sie. Manchmal dringt sogar die romantische Seite durch, bei Jasmin, der Puffmutter. Sie glaubt, wenn man die wahre Liebe sucht, irgendwann findet man die. Manchmal auch im Bordell.

Sie hat über die vielen Jahre viele Männer kennengelernt. Liebestrunkene, Betrunkene, Sinnenfrohe. Denkt man an den Bordellbetrieb, herrscht die landläufige Meinung: Die Frauen sind naiv und die Männer berechnend. Aber sie weiß aus Erfahrung, dass es oftmals ganz anders ist.

„Männer sind auch nur Menschen. Meist sind sie pflegeleicht und grundehrlich. Frauen sind oft hinterhältig. Vor allem untereinander können sie richtig teuflisch sein"

Ihre Mädchen.

Teufelinnen hin oder her. Eine gute Puffmutter kümmert sich natürlich auch um die Mädchen. Klingt immer süß, dass sie die Dirnen des Hauses immer Mädchen, meist ihre Mädchen nennt. Für ihre Mädchen ist sie Seelsorgerin, eine Art Ersatzmutter gewesen. Ging es einem ihrer Mädchen schlecht, dann hat sie es getröstet. Eine Schulter zum Anlehnen und Ausweinen hatte sie immer frei. Sie hört ihnen zu. Einen Herzschlag lang, ist sie ihnen dann ganz nah. Hört von zerplatzten Träumen, von falschen Sehnsüchten. Davon, dass das Schicksal ihnen keine andere Wahl ließ. Oder von der Scham mancher Mädchen darüber, dass sie ganz bewusst den Weg ins Dirnenleben eingeschlagen haben. Wie hast Du sie getröstet? Was hast Du ihnen geraten? Nehmt von den Männern, was sie Euch geben. Und schenkt ihnen Euren Körper dafür. Aber euer Geist und eure Seele, die gehören alleine Euch. Und die gebt ihr keinem eurer Kunden. Dann ist alles okay. So haltet ihr Abstand zu den Männern. Und ihr geht dabei nicht vor die Hunde. Das ist ihre Lebensklugheit.

Ich frage sie, ob die Mädchen, oft isoliert von ihren einstigen Kontakten, um mit ihrer Situation klarzukommen, nicht ihr eigenes, verschrobenes, moralisches Wertesystem aufbauen. Jasmin schmettert meine These mit ihrer Puffideologie kurz beiseite:

„Die Frauen, die Wochenende für Wochenende,
mit den Kerlen ins Bett gehen, ohne was dafür zu kriegen,
das sind doch die wirklichen Schlampen"

Doch manchmal sind ihre Kunden nicht nur Kunden für die Mädchen. Dann waren sie nicht einfach nur eine Liebesdienerin. Und wie bei den Männern, kommt dann auch bei ihnen das Herz ins Liebesspiel. Dann träumt das Mädchen von ihrem Märchenprinzen. Einer, der sie heiratet. Und rettet aus der Welt, die sie manchmal auch gefangen hält.

Puffmutter ist nicht gleich Puffmutter.

Nicht alle haben die Mädchen so behandelt wie sie, sagt sie. Es gab auch andere Puffmütter, die ohne Ehrgefühl und Respekt vor den Mädchen waren. Sie haben die Naivität der Mädchen ausgenutzt. Haben sie in Abhängigkeitsverhältnisse gebracht. In den Clubs müssen sich die Mädchen zwar nicht mehr vor Überfällen und Vergewaltigungen fürchten. Doch sie bezahlen einen hohen Preis für diese Sicherheit.

Für eine hohe Gebühr müssen die Mädchen neue Kleider kaufen, die der Kleiderordnung des Clubs entspricht. Auch Kost und Logis schlagen zu Buche. Alles was die Dirnen sonst noch brauchen, sei es Verpflegung oder andere Bedarfsgüter, dürfen die Mädchen nur über die Puffmutter beziehen. Und das immer zu Wucherpreisen. Noch bevor sie den ersten Freier bedienen, haben sie oft schon einen hohen Schuldenberg angehäuft. Statt von ihren sexuellen Dienstleistungen zu profitieren, sammeln sie Schulden. Kaum eine der Frauen schafft es, Geld zur Seite zu legen. Wie in einem Laufrad beginnen sie täglich neu den Wettlauf um die Versorgung. Hier wird schnell deutlich, wie fließend die Grenze ist zwischen Freiwilligkeit und Zwang. An diesen Methoden der Ausbeutung hat sich bis heute nichts geändert. Der Ausstieg aus dem Gewerbe wird den Damen so erschwert und oft sogar unmöglich gemacht.

Autokredit mit Bockschein.

Die Geschäfte liefen gut damals. Als 1972 das bunte Treiben auf der Brinkgasse verboten wird, stehen die Dirnen Schlange, um in Jasmins Club arbeiten zu können. Denn ins Eros-Center umzusteigen, kommt für viele nicht in Frage. Auch wenn sich die Zimmer dort durchaus sehen lassen können, mit ihren geräumigen 13 Quadratmetern, ausgestattet mit Bidet und Dusche, sind vielen Damen diese Zimmer, aber vor allem das Umfeld einfach zu steril. Nur rund die Hälfte machen den Umzug mit. Der Rest verteilt sich im Kölschen Milieu. Jasmins Kommentar:

„Wenn man dem Teufel die Tür versperrt,
kommt er zur Hintertür rein"

Was sie verdient hat, darüber sagt sie nichts. Das geht nur das Finanzamt, ihre Bank und ihren Steuerberater was an. Was Autos angeht, da beweist Jasmin zumindest ihre Stilsicherheit. Ihr erstes Auto kauft sie auf Kredit. Um den im Autohaus Becker zu kriegen, reicht die Vorlage dreier Bockscheine, also dreier amtsärztlicher Gesundheitszeugnisse ihrer Mädchen. Mit dem Bock ist der gynäkologischen Stuhl gemeint, auf dem die Mädchen untersucht werden, erklärt sie mir. Mit den drei Bockscheinen war also der Weg frei für ihren geliebten Mercedes-Benz R 107.

Am Abend habe ich mich gleich hingesetzt und diesen Text geschrieben. Meine erste Frage kam mir in den Sinn. Die Frage, ob sie eine gute Mutter gewesen sei für ihre beiden Töchter. Ich fragte mich, ob ich der Ex-Puffmutter meinen kleinen Sohn anvertrauen würde.

Beiläufig googelte ich nach dem Model ihres Lieblingswagens. Der Mercedes-Benz R 107 ist ein Zweisitziger. Hinten hat der Wagen zwei Notsitze. Ihre mütterliche Fürsorglichkeit schien durchaus Grenzen zu haben.

KÖLSCHE TRADITION:
DAS HORIZONTALE GEWERBE

„Sag, Ida, häs do dat blos jetz jesinn,
et Thres mem imitierten Hermelin,
dat fährt jo anders nix mie wie fupp, fupp,
dat hät doch fröher bei fremde Lück jeschrupp.
Statt Wooschbröh iss et nur noch Kaviar,
un statt adjüss säht it Au revoir,
un dat Verzällche vun däm richen Ohm,
dä kennen ich, dä triff et Naaks am Dom"
Willi Ostermann: Die ächte Kölsche Poesie

Altes Gewerbe.

Der Mann, der sich nach Sex sehnt, kann, wann immer er will, zu jeder Zeit, auf die Dienste von Prostituierten zurückgreifen. Sie sind immer verfügbar. Und es bleibt im Verborgenem. Er kehrt danach zu Frau und Familie zurück und muss keine Konsequenzen befürchten, die womöglich eine Affäre nach sich ziehen könnte. Der Mann behält seine Würde. Die Prostituierten werden von der Gesellschaft oft verachtet. Zu biblischen Zeiten genießen die Dirnen noch einen besseren Ruf. Ihnen wird dort sinnbildlich ein Denkmal gesetzt. Denn Christus ruft den Pharisäern zu: „Die Zöllner und die Dirnen kommen vor euch in das Himmelreich Gottes".

Und es war eine Dirne, der Jesus nach seiner Auferstehung erscheint. Im Alten Testament, im „Zweiten Buch Samuel" finden sich viele Stellen rund um den Ehebruch. Und sie zeigen, wie nachsichtig Gott ist. Als König David Ehebruch begeht mit der Frau eines seiner Truppenführer, weckte er zwar den Missfallen Gottes. Und der rügt David scharf. Als dieser dann Reue zeigt, verzeiht ihm Gott.

„Die Huren sind ehrlich und tun, was ihnen lieb ist,
und ruinieren nicht den Mann durch das Band der Ehe"
Nietzsche

Mittelalter.

Lust und Sinnlichkeit sind Sünde. So sieht es die Kirche. Dennoch hat die Kirche die Prostitution nicht verboten. Auch in Köln ist die Prostitution im Mittelalter ein legales Gewerbe. Schon im mittelalterlichen Köln gibt es erste Dirnenviertel. Es dürfen jedoch nur getaufte und unverheiratete Männer mit Prostituierten verkehren. In der mittelalterlichen Gesellschaft haben die Kölner Dirnen sogar einen festen Platz. Auch wenn sie in der sozialen Hierarchie weit unten stehen, verstecken müssen sich die Kölner Dirnen nicht. Auf Festen und Umzügen sind sie gern gesehen. Auf Hochzeitsfeiern gelten sie sogar als Glücksbringer. Die Dirnen müssen sich aber an eine Reihe von Vorschriften halten. Das unsittliche Gewerbe duldet die Kirche nicht an Sonn- und Feiertagen und in den Nächten davor.

Vor dem Krieg.

Vor dem zweiten Weltkrieg ist die Kölner Rotlichtszene unter anderem im Griechenmarktviertel angesiedelt, an der alten Mauer. Die Heimatschriftstellerin Paula Hiertz erzählt eine Vorkriegsanekdote: „Unsere Großmutter hat uns immer gewarnt: „Joht nur blos nit op die ahl Moor!" „Geht nur ja nicht auf die alte Mauer!" Ihre älteste Schwester wagt sich eines Tages dennoch dort hin. Als sie dann nach Hause kommt, schwärmt sie: „Mama, do wonnen schöne Mädcher mit finge Kleider un die ruchen esu jot!". Die großmütterliche Antwort: Eine saftige Ohrfeige.

Nach dem Krieg. Hafen.
Hochburg des Lasters.

In den Nachkriegsjahren treibt die Not viele Kölner Frauen in die Prostitution. Für viele geht ums nackte Überleben. Der Volksmund im deftigen Kölsch dazu: „Poppe für ze Fresse". 2800 Prostituierte sind von den Kölner Behörden offiziell erfasst. Daneben schaffen unzählige, nichtregistrierte Prostituierte an. Hochbetrieb am Abend ist im Hafenviertel in der Nächelsgasse. „Em Stüffge", „Em Schänzge" und „Zum Anker". Hier blüht die dunkle Seele des Heiligen Kölns förmlich auf. Und 1951 kommt Köln damit sogar bundesweit in die Schlagzeilen. Die schreibende Zunft nennt Köln die „Hochburg des Lasters". Geschrieben wird über Kölner Gangsterkarrieren und auch über Mordfälle im Milieu. Dennoch: Noch über viele weitere Jahre schauen die Stadtoberen tatenlos zu.

Enttrümmern.

Ende der 50er Jahre soll dem Treiben des „lichtscheuen Gesindels" dann doch ein Ende gesetzt werden. Die vielen dunklen Ecken des Hafens sollen verschwinden. Dafür wird mit großem Aufwand das Hafengebiet enttrümmert. Dabei werden sogar historische Denkmäler abgeräumt. Die „Hochburg des Lasters" lässt sich dadurch aber nicht vertreiben. Die Huren bleiben.

1959 wird die Auffahrt zur Severinsbrücke eingeweiht. Durch den Bau verschwindet die berüchtigte Nächelsgasse. Die städtischen Behörden hoffen, dass dies die Szene vertreiben wird. Pustekuchen. Die Prostituierten halten hartnäckig an der Gegend fest. Bei einer Ortsbesichtigung der Behörde kurz nach der feierlichen Einweihung hält einer der Beteiligten fest: „Nommedachs loche do de Huusfraue-Nutte en wießer Ungerwäsch em Finster un leete ehre Memme üvver de Britz hange. Uns feele de Auge usm Kopp. Kalibere kunns du do aanjeseechtlich weede. Do leever Jott!".

Brinkgasse.

In den 60er Jahren, der Hochzeit des Kölner Milieus, arbeiten geschätzte 5000 Dirnen in Köln. Nur 800 offiziell. Das größte Problem für die Kölner Behörden: Die Zuhälterei breitet sich aus insbesondere unter diesen nicht erfassten Dirnen. Das größte Treiben auf dem Liebesmarkt herrscht auf der Brinkgasse. Der „Lange Tünn", geboren in der Ehrenstraße, erinnert sich: „Meine Oma putzte in der Brinkgasse, das war wie die Herbertstraße in Hamburg. Der Eingang war eine Mauer, dahinter standen die Frauen in den Klappen. Das sah ich früh, und das war für mich Milieu, die Unterwelt". Um die 90 Dirnen bieten dort ihre Dienste an. Zu jeder Stunde und in jeder Preislage bieten die Dirnen ihre Dienste an. Aus der Ausbeutung der Frauen machen die Luden ein Geschäft. Die Voraussetzung dafür machen aber ganz andere. Die Brinkgasse zählt zu diesen Zeiten 20000 bis 30000 Gäste pro Monat und hat oft Not diesem Zustrom Herr zu werden.

DIE NUTTE
UND DIE WUTZWERGE.

„Eigentlich sagt niemand die Wahrheit,
am ehesten noch die Prostituierte"
Bernhard, Der Reigen

Haxenhaus.

Heike liebt die deftige Kölsche Küche. Ganz oben auf der Liste
ihre Lieblingsgerichte steht das Hämchen. Zum Hämchen-Essen
geht sie gerne ins „Haxenhaus". Da treffen wir uns also. Und
ich bin gespannt, was mir die Ex-Prostituierte erzählen wird. Sie
arbeitete in den 60er Jahren auf der Brinkgasse. Dann später
im Eros-Center.
Heute möchte ich mit Heikes Hilfe, hinter die Fassade des
Gewerbes schauen. Einer Welt begegnen, über die mehr geschwiegen als gesprochen wird. Die Sicht einer Prostituierten
von damals kennenlernen.
Das „Haxenhaus" ist im Herzen der Kölner Altstadt, auf der
Frankenwerft. Es ist berühmt für seine Kölschen Spezialitäten.
Hausgemachte Bratwurst und die frisch gegrillten Haxen haben
legendären Status. Der Blick auf die Speisekarte macht schnell
klar: Hier im „Haxenhaus" dreht sich alles ums Fleisch. Die
Hölle für Vegetarier und Veganer.

Kölner Art.

Heike trägt ein scharfkantig geschnittenes, weinrotes Blouson,
das sie während unserer Unterhaltung und auch beim Essen später
nicht auszieht. In etwas nachlässiger Haltung gibt sie sich dem
Studium der Speisekarte hin, bindet dabei ihre glatten blonden
Haare, eilig zu einem Pferdeschwanz zusammen. Sie ist blass im

Gesicht. Ihre Wangen leicht gerötet. Ihre Brauen sind zwei dezente Striche, die ein blau schimmerndes Augenpaar einrahmen. Manchmal, bei gesenktem Blick, beißt sie sich schelmisch auf ihre schmale Unterlippe. Sie hat knochige Finger und an ihrem rechten Ringfinger trägt sie einen goldenen Ring. Wenn Heike redet, malt sie mit ihren Fingern Figuren in die Luft. Das knusprig gegrillte Schweinefleisch am Knochen gibt es hier in vierzehn verschiedenen Variationen. Heike bestellt Schweinshaxe „Kölner Art". Mit Flönz, Zwiebeln und Käse gedeckt, dazu Rotkohl und Kartoffelpüree. Wie fing alles an, frage ich sie.

Einstieg. Um den Finger wickeln.

1967 eröffnet die „Moni Bar" als Diskothek mit Nachmittagsbetrieb. Rein darf man schon mit 16 Jahren. Heike ist Friseurin. Einmal in der Woche geht sie mit ihren Kolleginnen zum Friseurinnen-Ball dorthin. Dass die Moni-Bar ein Sprungbrett ins Milieu ist für viele Mädchen, das hat Heike erst sehr viel später verstanden. Viele attraktive Männer verkehren dort.

Was den Mädchen nicht klar ist, hier gehen die Luden auf Akquise. Dort werden viele Mädchen in die Prostitution verführt. Dafür umgarnen die Luden die Mädchen. Sie wissen zu schmeicheln. Und sie imponieren den Mädchen. „Abels Män" tanzt Rock´n Roll wie kein anderer. Sie erzählen aus dem Milieu. Darüber, was die Mädchen dort verdienen können. Und es ist um einiges mehr, als das was die Mädchen in ihren Berufen verdienen. Wenn sie ein Mädchen überzeugt haben, machen sie ihm den Einstieg mit einer Lüge leicht. Die ersten Freier sind gekauft. Freunde der Luden, die die Mädchen gut behandeln und gut bezahlen. Die Mädchen denken, so ist es immer.

Kriminelle Erotik.

Die Kölschen Ganoven kommen gut an bei den Frauen. Warum fliegen ihnen die Herzen der Frauen nur so zu? Sie sind zwar

Outlaws, aber in ihrem Milieu gehen sie wie Männer von Welt durchs Leben. Viele von ihnen haben gutes Geld und können in ihren Rollen große Macht ausüben. Sie können sich nehmen sich, was sie wollen. Das macht Eindruck. Sie sind alles andere als Spießer. Sie rebellieren gegen das bürgerliche System. Und sie riskieren dabei viel. Das macht sie sexy. Wenn sie in den Kneipen auftauchen, wird es oft ehrfürchtig still. Wenn diese harten Kerle dann mal ihre menschliche Seite zeigen, dann ist es oft um die Frauen getan. Das wirklich Unanständige an den Männern vom Milieu ist, dass die meisten richtig nette Typen sein können.

Wir waren naiv. Die Kerle berechnend.

Das Verhältnis zwischen Zuhälter und den Prostituierten erscheint oft rätselhaft. Meist ergaunern sich die raffinierten Männer die Liebe der Mädchen. Und täuschen ihnen ihre Liebe vor. Sie sind aufmerksam, sie machen Komplimente und Geschenke. Oft gaukeln sie ihren Opfern vor, das sie das verdiente Geld zum Aufbau einer gemeinsamen Zukunft verwenden zu wollen.

So machen sie die oft noch sehr jungen Frauen emotional abhängig. Manchmal pflegen sie auch Beziehungen zu ihren Dirnen. Sie sind gerissene Intriganten und dreiste Lügner. Die meisten Zuhälter haben mehrere Frauen. Und sie wissen, wie man die Frauen geschickt gegeneinander ausspielt. Und sie sorgen dafür, dass sie sich gegenseitig kontrollieren.

Blümchensex. Keine Küsse.

Heike geht dem Beruf auch nach, weil ihr die Szene so schillernd erscheint. Auf den Milieupartys treibt sich viel Prominenz herum. Auch, dass sie jetzt zeitlich unabhängig ist, gefällt ihr. Starre Arbeitszeiten, wie in ihrem alten Beruf, kennt das Gewerbe nicht. Sex mit fremden Männern zu haben, fällt ihr leichter als gedacht.

Es fühlt sich genauso gut oder schlecht an, wie die Affären, die sie vorher hatte. Am Tag besuchen sie eine Handvoll Freier. Zwei davon sind ihre Stammkunden. Der Ablauf der Begegnungen ist mehr als banal. Die meisten sind verheiratete Männer. Reden, Verständnis vorgaukeln, Blümchensex. Ein wenig Zuwendung, ein paar Zärtlichkeiten. Viele der Stammkunden wollen sie küssen. Aber das macht Heike nicht. Der Kuss ist das letzte romantische Überbleibsel. Die letzte Grenze, die das Private vom Professionellen trennt. Küssen ist intim. „Sex ist leichter als küssen. Dabei kann man sich abwenden, wegsehen, an etwas anderes denken", sagt Heike.

Männerfantasien.

Die Männer sind verschieden. Und ihre Wünsche auch. Und nicht immer wünschen sie sich Blümchensex. Ein Kerl, ein Stammkunde ist nie auf Sex aus. Er beschäftigt sich nur mit Heikes Füßen. Massiert ihre Zehen. Und am Ende bearbeitet er ihre Füße mit einer Zahnbürste. „Mit der Zeit habe ich sogar ein wenig Gefallen daran gefunden", lächelt Heike. Und es gibt auch noch einen älteren Herrn, der einmal die Woche auftaucht. Er ist schon lange erfolglos auf Partnersuche. Holt sich seine Kuscheleinheiten bei Heike. Er hat sich bei ihr ausgeweint. Und über das Elend der Welt geklagt. Einmal kommt es dann doch zum Sex. Danach weint er vor Freude. Als er dann doch eine Partnerin findet, kommt er nochmal vorbei. „Mit einem großen Blumenstrauß hat er sich von mir verabschiedet."

Mancher Freier spielt sich auf wie ein Ritter auf dem weißen Pferd. Verkapptes Helfersyndrom. Letztlich geht es doch darum, Macht über Heike auszuüben. Nur hübsch verpackt. Mit diesen Typen kommt Heike gar nicht klar. Die schlimmsten Freier stehen darauf, sie zu erniedrigen. Ergötzen sich an ihrem scheinbaren Leid. Die werden keine Stammkunden bei Heike. „Wahrscheinlich war ich denen zu selbstbewusst", sagt sie. Sie verdient nicht so viel Geld. Aber vieles mehr als zuvor. Heike kann sich teuren Schmuck leisten, schicke Kleider, extravagante Schuhe.

Heute ist der Konkurrenzdruck um einiges höher als damals. Den Freiern können die Mädchen keine Grenzen mehr setzten. Sie müssen heute ganz andere Praktiken in Kauf nehmen.

Die härtere Gangart.

Heike hat mit ihnen nichts zu tun. Aber sie weiß von den Mädchen. Es gibt auch Zuhälter, die vor Gewalt nicht zurückschrecken. Oder die ihre Dirnen zum Drogenkonsum verführen. Das fällt den Luden oft nicht schwer. Denn um die Zustände des Gewerbes zu ertragen und ihre finanzielle Ausweglosigkeit zu vergessen, sind Drogen ein willkommener Ausweg. Anders halten sie ihr Leben oft nicht aus. Doch wer Drogen benötigt, macht sich noch abhängiger. Denn diese kosten zusätzlich Geld. So beginnt ein regelrechter Teufelskreis. Oft waren die Zuhälter und Dealer zugleich. Wer das leugnet, verklärt die Zeit dann doch zu sehr, sagt sie. Wie es scheint, ist die Gewalt den Dirnen gegenüber und die Verführung zu Drogen aber wohl eher die Ausnahme (*).

Ob es möglicherweise gewalttätiger zugeht als es scheint, ist kaum zu belegen. Denn: Kommt es zu Gewalt, wird es nicht publik. Oder gar vor einem Gericht verhandelt. Denn die Prostituierten müssten Anzeige erstatten. Aber auch sie sind an den Ehrenkodex der Verschwiegenheit gebunden. Und gälten im Milieu als Verräterinnen. Heikes Resümee: Eine Beziehung mit einem Zuhälter ist kein gutes Leben. Am Ende nutzen sie Dich aus. Die brutalen, aber die netten nicht weniger.

Prinzip Freiwilligkeit. Alternativlos.

Sie war naiv. Gutgläubig. Als Opfer habe sie sich aber nie gefühlt. Sie sei es ja selber schuld gewesen. Diese Diskussion um die Freiwilligkeit im Gewerbe mutet Heike sowieso komisch an. Und geht ihrer Ansicht nach völlig am Thema vorbei. Wenn ein Freier und eine Dirne einvernehmlich Sex gegen Bezahlung miteinander haben, ist das völlig okay. Zwischen Liebe und Sex kann sie trennen. Wer das nicht kann, sollte besser die Finger von den Dirnen lassen. Gezwungen jedenfalls wurde sie nie zu was. Aber gerne hat sie es nicht getan. Keine Frau macht es gerne. Sie jedenfalls kenne keine einzige, die das gerne macht. Heike ärgert sich manchmal noch heute über ihre Naivität. Darüber, dass sie sich in ihren Luden verliebt hat. Und auch aus Liebe zu ihm anschaffen ging. Wenn man einmal drinhängt, gibt es kaum mehr Alternativen. Das sei das größte Problem. Es ist schwer, aus dem Milieu wieder raus zu kommen. Freiwillig wieder ein anderes Leben zu führen. Den Wiedereinstieg in eine andere Tätigkeit zu finden. Sie ist in Abhängigkeiten geraten, die ihr den Ausstieg sehr schwer machen. Heike hat es aber geschafft. Sie hat sich rausgekauft. Für 10.000 DM.

Ein Werkzeug des Teufels.

Wenn Heike redet, wirkt sie manchmal wie ein widerspenstiges Pflänzchen. Und wenn es darauf ankommt, kann sich dieses Pflänzchen bestimmt auch mal durch Beton bohren. Sie hat einen feinen Verstand. Meine Provokationen kontert sie mit trockenem Ernst. Nun steht die Haxe auf dem Tisch. Ich habe noch nie eine gegessen. Frage mich, wie man dieses Ungetüm wohl essen mag. Ich würde beim Zerkleinern der Haxe mit Messer und Gabel wohl wie ein urzeitlicher Jäger wirken.

Heike macht das sehr geschickt. Und sie imponiert mir mit ihrem Geschick. Erst schneidet sie die Haxe an der dünnsten Stelle längst auf. Dann löst sie das Fleisch mit dem Messer vom Knochen ab. Das gelöste Fleisch dreht sie mit der Gabel so herum, dass die knusprige Haut oben liegt. Zuletzt schneidet sie das Fleisch in Scheiben.

Dann überrascht mich Heike mit einer historischen Anekdote. Im mittelalterlichen Köln sagt sie, gilt die Gabel als Teufelswerkzeug. Die Gabel ist als weibisches Geziere verhöhnt, zählt zum Utensil des Hexenhandwerks. Und wer die Gabel statt seiner Finger benutzt, verhöhne damit sogar Gott.

Wütende Männchen.

Das „Haxenhaus" blickt auf eine 780 Jahre alte Tradition zurück. Wie die Gabel hat es eine sagenumwobene Vergangenheit. Und es ist eine Station des Rheinischen Sagenwegs. Der Legende nach lebten in Köln viele hilfreiche Zwerge. Sobald es Nacht war, gingen sie ans Werk. Und erledigten alle liegengebliebene Arbeit. Zum Dank stellten die Leute ihnen Schüsseln mit Essen hin. Am liebsten mochten die Zwerge Kekse. Im „Haxenhaus" stellte man ihnen einmal eine Schüssel Erbsen hin. Die Schüssel fiel um. Die Erbsen verteilten sich auf der Treppe. Um Mitternacht dann ein lautes Poltern und Wehgeschrei. Beim fleißigen Saubermachen waren die Zwerge über die Erbsen gestolpert und sind dann die Stufen heruntergepurzelt. Vor Wut darüber haben sie in dieser Nacht Köln verlassen. Und sind nie mehr zurückgekehrt. Heike hat dann auch Köln hinter sich gelassen. Sie ist aber nicht wütend auf Köln. Wie die Heinzelmännchen. Sie ist eher wütend auf sich.

DER REIZ DER HALBWELT: DAS SCHNELLE GELD

*„Kapitalismus ist die legitime Gaunerei
der herrschenden Klasse"*
Al Capone

Prüderie der 50er.

Die Ära Adenauer ist prüde und verklemmt, die Welt der Sexualität ausgeklammert. Es herrscht eine stickige Schwüle, eine verlogene Moral des Verschweigens und Versteckens. Und es gibt krude Gesetze, wie der Kuppeleiparagraph. Heißt: Jeder macht sich strafbar, der einem unverheirateten Paar einen Raum zur „Unzucht" zur Verfügung stellt. Homosexualität ist verboten. Masturbation gilt als krankhaft. Noch in der 60er Jahren, als Oswald Kolle in der „Quick" über die Grundzüge der Sexualität schreibt, geht ein empörter Aufschrei durchs Land. Bundesfamilienminister Wuermeling (CDU) droht die „Quick" verbieten zu lassen, falls noch einmal solche „schweinischen Ausdrücke wie Penis" in der Illustrierten erscheinen. Bei Amtsantritt erklärt Wuermeling sein Ministerium zur Abwehrinstanz gegen die Gleichberechtigung der Frau.

Andere Zeiten. Andere Sitten: Sexuelle Befreiung und Lebenshunger.

1968 zerbricht diese alte moralische Ordnung endgültig. Es beginnt ein neuer Umgang mit der Sexualität. Die neue Freiheit geht durch alle gesellschaftlichen Schichten. Und wird mehr oder weniger zur Normalität. Die Menschen wollen es wissen. 1968 sehen innerhalb von vier Monaten fünf Millionen Kinozuschauer die zweiteilige Verfilmung von Kolles Serie „Das Wunder der

Liebe". Die Berliner Schering AG bringt die Pille „Envoid 10"
auf den Markt. Die Pille macht sorglos, die Sexualität selbstbe-
stimmter. Zu den Profiteuren der Sexwelle gehört Beate Uhse,
die 1962 in Flensburg den ersten Sex-Shop der Welt eröffnet.
Bis Anfang der 60er Jahre ist Werbung für Verhütungsmittel
verboten. Reklame für Unterwäsche und Hygienebedarf unterliegt
einer repressiven Gesetzgebung, ist quasi unmöglich. Dass die
Kirche Pille und Kondom verbietet, ändert nichts an der Popularität dieser Produkte. Die Welt eine andere. Dietlinde Deimann,
Ex-Gattin von Rolly Brings: „Rolly und ich sind ein klassisches
Produkt der politischen Hintergründe. Wir sind in den piefigen
50er Jahren groß geworden (...) Wir wollten den Mief nicht mehr
(...) und dein Wertesystem fliegt auseinander. Daran ist auch
unsere Beziehung gescheitert: Es kam die freie Liebe – der eine
hat jede gevögelt, der zweite hat es anders versucht, ich kam
damit überhaupt nicht klar".

Zwangsehe zwischen sexueller Befreiung und Prostitution.

Der aufblühende Konsummarkt, die neue Freiheit und die damit verbundene Sucht nach Vergnügen sorgen für eine rasante
Entwicklung der Prostitution. Die Frau wird zur Ware. Sex zur
Dienstleistung. Die Prostitution reiht sich ein zu den Angeboten
des täglichen Gebrauch. Gelegenheiten Liebesdienste zu kaufen
gibt es in Köln quasi an jeder Ecke.
Gretchen Dutschke-Klotz, Rudi Dutschkes Frau, erinnerte sich
in einem EMMA-Interview: „Letztendlich sollte freie Sexualität
bedeuten, dass die Frauen den Männern immer zur Verfügung
standen". Bei aller Liberalität, die nun herrscht, Prostitution
wird von der Gesellschaft verachtet. Insbesondere im katholischen Köln. Das sogenannte „älteste Gewerbe der Welt" gilt als
sittenwidrig, wird aber geduldet. Und sie wird in Anspruch genommen. In diesen Zeiten des Wohlstandes und der sexuellen
Revolution mehr denn je.

Neue Geschäftsfelder.

Auch um die Kölner Luden blüht ein Konsummarkt hervor, der oft einem ungehemmten Kapitalismus gleichkommt. Der sich um viele gesellschaftliche Normen einen Dreck schert. Und auch sie leben den aus. Auf ihrem Geschäftsfeld werden sie Profis. Sie machen die Prostitution effektiv. Und sie wollen den Bürgern so viel Geld wie möglich aus der Tasche ziehen. Und den Frauen auch. Geld bringt sie dahin, wo sie wollen, wo es herkommt, wie sie es verdienen, ist dabei nebensächlich.

DIE LUDEN VERDIENEN SICH EINE GOLDENE NASE

„Doch gönnt der Teufel keinen Ruhm,
Und neidet arg den Zaster"
Das Lied von der Schäfers Nas

Raus aus dem Mief.

Der Wohlstand erblüht auch in Köln. Und die jungen Männer wollen daran teilhaben. Ausbrechen aus dem biederen Mief des Arbeitermilieus, aus denen sie stammen. Sie verlassen den eingeschlagenen Weg, den sie als Jugendliche begonnen haben. „Schäfers Nas" hat in jungen Jahren als Hafenarbeiter und auf dem Bau gearbeitet. Dumm absolvierte eine Lehre als Rohrleger. „Abels Män" schmeißt seine Ausbildung zum Dekorateur. Der „Lange Tünn" bricht mit Anfang 20 seine Ausbildung zum Industriekaufmann ab. Sie suchen den schnellen Weg zum Geld. Und viele finden ihn. Geduld ist nicht ihre Stärke, gesellschaftliche Normen lassen sie dafür hinter sich.

Die Luden leben wie Lebemänner.

Mit dem Reichtum, den sie anhäufen, erwachen ihre individuellen Vorlieben: Frauen, Autos, Partys. Es kostet sie ein Vermögen, sie selbst zu sein. „Schäfers Nas" fährt Rolls Royce, Oldsmobile, Ferrari. Seine Kleidung kauft er vom Designer Kuhl. Er hat zwei Villen in Koblenz und eine Yacht. Der „Dummse Tünn" wohnt in einem luxuriösen Appartement, fährt nur Porsche und Mercedes. Der „Lange Tünn" hat mit 18 seine erste Rolex. Mit 21 hat er 400.000 Mark auf seinem Konto. Der „Frischse Pitter" fährt Mustang-Cabrio: „Wenn ich e bissje jet jespart hätt, hätt ich hück irjendwo en Finca un wöödt de Föös in de Tass halde, ävver ich han dat Jeld zum Teil behandelt, als wenn et Dreck jewäse wör".

„Abels Män" ist Chef mehrerer Nachtclubs. Zwanzig Frauen schaffen für ihn an. Und er hat es zum Millionär gebracht. Er verdient mindestens 25.000 DM monatlich. Und er bunkert sage und schreibe 1,4 Millionen Mark in seinem Tresor. Dem „Kölner Stadt-Anzeiger" sagt er: „Ich habe gelebt, gelebt und nie nachgedacht." In den letzten Jahren lebte „Abels Män" verarmt in einem Appartement im Rechtsrheinischen. So wie „Abels Män" sind sie alle am Ende gescheitert. Ihr schnell verdientes Geld haben sie alle verjubelt.

Falsches Spiel.

Die Halbwelt und das Glücksspiel gehören traditionell zusammen wie das Amen in die Kirche. Historiker können auf Quellen seit dem 1500 Jahrhundert zurückblicken, wo die Tricks und Betrügereien der Falschspieler dokumentiert sind. Schon damals sind präparierte Würfel und Karten im Spiel, um naive Zeitgenossen übers Ohr zu hauen. Und auch das Kölner Milieu macht sich im Glücksspiel breit. Und zieht den Kölner Bürgern auch damit das Geld aus der Tasche. Die Gewinne sind enorm.

Und das Milieu bleibt der Tradition des Glücksspiels treu, arbeitet mit Tricks und Betrügereien. So besorgen sich viele Kasinobetreiber zur Gewinnmaximierung getürkte Spieltische aus Las Vegas. Und um ganz sicher zu gehen gleich den passenden Croupier dazu.

Der Gelsenkirchener Will ist der Oberzocker unter ihnen. Wenn er kam, hat er meist offene Bank gemacht. Und er spielt mit gezinkten Würfeln aus Las Vegas. „Geld war Spielgeld für uns. Ich habe jeden Tag gezockt. Solange ich Geld habe, macht mir auch Verlieren Spaß", gibt der „Lange Tünn" einen Einblick in die Spielhöllen vergangener Tage". Es gibt rund 17 Kasinos in Köln, weitere in Hinterhöfen. Als den städtischen Steuerfahndern der Wildwuchs zu viel wird, setzen sie verdeckte Ermittler ein. So verringern sich die Rekordgewinne, die zuvor steuerfrei erwirtschaftet wurden.

VON DER BRINKGASSE ZUM EROS-CENTER

„Die Stadt/ in freudloser Sonne/ verödet"
Heinrich Böll, Köln III

Irgendwann hat auch in Köln die Toleranz ein Ende. Auch die der Stadtoberen. Die Anwohner der Brinkgasse gehen 1972 auf die Barrikaden. Ihre Beschwerden füllen mittlerweile mehrere Aktenordner. Das unsittliche Treiben in ihrer unmittelbaren Nachbarschaft wollen sie nicht mehr dulden. Was sich dort wirklich abspielt, kriegt man zwar nur mit, wenn man eine Mauer passiert, die die Brinkgasse von der belebten Ehrenstraße trennt. Aber damit lassen sich die Anwohner nicht mehr trösten. Die Dirnen schalten einen Anwalt ein, der sich um ihr Bleiberecht kümmern soll. Sein Argument: Es habe nach 1945 „keinen Fall von Beischlafdiebstahl oder Geschlechtskrankheit gegeben". Und er verweist auf die historische Standhaftigkeit der Brinkgasse. „Die Existenz der Kleinen Brinkgasse ist – allen Stürmen zum Trotz – seit 150 Jahren gegeben". Doch die Stadt bleibt hart. Den Damen der Brinkgasse wird verboten, ihren „unsittlichen" Geschäften weiter nachzugehen.

Die Brinkasse. Adenauers Spielwiese.

Ferdinand Peters, der Dirnen-Anwalt, tobt sich während des Prozesses auch als Heimatforscher aus. Seine historische Recherche belegt, dass neben Konrad Adenauer, der als Kind in der Nähe der Brinkgasse gespielt hat, auch der amtierende Bürgermeister Theo Burauen in der Nähe der Brinkgasse aufgewachsen ist. Süffisant hält er fest: „Es ist nicht bekannt, dass die beiden durch den Dirnenbetrieb Schaden genommen haben".

Auch mit diesem, wohl etwas zu fadenscheinigen Argument, lässt sich die Stadt nicht umstimmen. Kurzum: Die Klage des Prostituierten um ihr Bleiberecht weist das Oberverwaltungsgericht ab. Und damit hat das bunte Treiben auf der Brinkgasse sein Ende.

Das ungeliebte Eros-Center.

Köln so ganz ohne Prostitution scheint den Stadtvätern aber auch undenkbar. Sie beschließen deshalb, einen konzessionierten Betreiber auf städtischem Grund ein Hochhaus für die Dirnen bauen zu lassen. Das Motto: Unterdrücken geht nicht, dann zumindest die Prostitution bündeln, denn so ist sie besser kontrollierbar. So wird 1972 das Eros-Center eröffnet. Schaefer, Kölns oberster, städtischer Sittenwächter schlägt deshalb vor, dass die Damen der Brinkgasse in das neugebaute Eros-Center in Köln-Ehrenfeld umziehen.

Um sein Eros-Center bekannt zu machen, rührt Pächter Rolf Schneider kräftig die Werbetrommel. Und dabei nutzt er auch die Kontakte der Männer aus dem Milieu. Einer von ihnen ist Johnny. Zu Werbezwecken darf er kurz nach der Eröffnung des Bordells ganze drei Monate lang täglich für 1.000 Mark Lokalrunden in Kölner Szenekneipen spendieren. Über diesen scheinbar einfachen Job, berichtet Johnny: „Nach sechs Wochen habe ich gemerkt, wie schwer es ist, 1.000 Mark zu versaufen".

Das Eros-Center.
Gute Zeiten. Schlechte Zeiten.

Das Eros-Center ist das erste Hochausbordell Europas. Und gehört zu den größten Laufhäusern Europas. Schneider strebt in seinem Bordell einen perfekten Hotelbetrieb an. Das zehnstöckige Hochhaus mit seinen neun Fluren bietet Platz für 175 Damen. Den Rat Schaefers, aufs Eros-Center umzusteigen, folgen viele Dirnen nicht. Obwohl sich die hygienischen Zustände dort durchaus sehen lassen können. Jedes 13 Quadratmeter große Zimmer bietet ein Bad, Bidet und Dusche. Das gab es auf der Brinkgasse nicht. Vielen Damen sind das neue Umfeld und auch die Zimmer zu steril. Und so entschließen sich nur die Hälfte der Dirnen den Umzug mitzumachen.

Aber auch die finanzielle Situation im neuen Eros-Center schreckt viele Prostituierte ab. Pro Tag und Nacht kostet ein Zimmer 69 Mark Miete. Inklusive Teilverpflegung und Urlaubsgeld. In ihrem alten Domizil kosteten den Dirnen die Zimmer nicht mehr als 25 Mark.

WAS DIE KIRCHE NICHT VERBIETEN KANN, DAS SEGNET SIE

*„Entfernt man die Prostitution aus den
menschlichen Angelegenheiten,
so werden alle Dinge mit Wollust befleckt"*

Augustinus

Prostitution. Was tun?

Sex ist nicht nur die schönste Nebensache. Sex kann viel mehr
sein. Es ist das Wunderbarste und Intimste, was zwei Menschen
begegnen kann. Gleichzeitig kann der Sex als verletzendes und
zerstörerisches Werkzeug missbraucht werden. Der Prostitution
kann vielleicht eine helle Seite abgewinnen. Natürlich gibt es die
Escort-Damen, die wohlhabende Männer in die Oper begleiten
und dafür viel Geld bekommen. Sie scheinen selbstbestimmt,
sind sozialversichert und gehen ihrer Arbeit in freien Stücken
nach. Vielleicht auch mal mit Freude.

Ein Buch, das sich ums Kölsche Milieu dreht, sieht sich schnell
dem Vorwurf ausgesetzt, das Rotlicht-Milieu zu idealisieren. Und
die Schattenseiten auszublenden. Das tut dieses Buch nicht.
Natürlich gibt es die dunkle Seite der Prostitution. Frauen, die
auf dem Straßenstrich stehen. Frauen, die in Bordellen Flatrate-
Dienste für einen Hungerlohn anbieten müssen.

Krampfhafte Fiktion.

Weil es sie gibt, gibt es weniger Vergewaltigungen. Solange die
Dirnen es freiwillig machen, ist doch alles okay. Diese Statements
zum Thema hört man oft. Die Diskussionen werden oft hoch

emotional geführt. Da gibt es auf der einen Seite die Gegnerinnen, die Feministinnen auf der anderen Seite die Befürworter oder gar die bekennenden Huren, die ihren Job als einen ganz normalen ansehen. Eines scheint sicher: Es ist eine krampfhafte Fiktion, zu denken, man könne die Prostitution abschaffen. Es gibt die Prostitution. Es gab sie schon immer. Und sie wird es immer geben. Man muss mit ihr umgehen. Die Frage ist nur wie. Darüber herrscht ein munteres Getöse. Von der Empörung zur Unbelehrbarkeit ist es da oft nur ein kleiner Schritt. Versucht man in dem Gewirr ein wenig Ordnung zu finden, lassen sich drei grundlegende Perspektiven darin finden.

Verbieten.

Das prohibitive Modell sieht ein generelles Verbot der Prostitution vor. Und eine strikte Bestrafung aller Beteiligten. In diesem Denkmodell sind Dirne, Zuhälter und Freier Teile eines verbrecherischen Gewerbes. Kein Pardon. Keine Grauzone. Die Behörden müssen nur eines: Hart Durchgreifen. Die Ideologie hinter diesem Modell steht in einer lutherischen Tradition.

Sicherlich: Ein solches Verbot verringert die sichtbare Prostitution, provoziert allerdings die unsichtbare, die Standortverlagerung vom öffentlichen Bordell auf die Straße und in die Hinterzimmer. Und der realistische Blick auf das Bordellgeschäft zeigt, die Verortung ins Geheime, birgt ein viel höheres Gewaltpotenzial und ist viel gefährlicher für Freier und insbesondere für die Prostituierten.

Abschaffen.

Das sogenannte abolitionistische Modell entkriminalisiert die Prostituierte und kriminalisiert die Zuhälter, Bordellbetreiber und auch die Freier. Das Model steht für die Finanzierung von Ausstiegsprogrammen und fordert die Abschaffung der staatlich kontrollierten Prostitution. Die Prostitution ist in dieser Denke kein notwendiges Übel, liegt nicht in der Natur der Gesellschaft. Erst das Angebot wecke die Nachfrage.

„Gefängnisse werden aus den Steinen der Gesetze errichtet,
Bordelle aus den Ziegeln der Religion"
William Blake

Regulieren.

Das regulative Modell steht in römisch-katholischer Tradition. Auch wenn die Mäßigung ein christliches Ideal ist, weiß die Kirche, der sexuelle Trieb lässt sich weder reglementieren noch zügeln. Prostitution wird als notwendiges Übel hingenommen. Die Orte des Lasters können aber zumindest von den Zentren der Städte in die Peripherie verlegt werden und unter staatliche Kontrolle kommen. Salopp gesagt, sollen die Prostituierten institutionell kaserniert werden. Versteckte Prostitution und auch die Straßen-Prostitution werden nicht geduldet und werden verfolgt.

Was die Prostitution angeht, ist die Kirche erstaunlich pragmatisch und anpassungsbereit an die Realitäten der Gesellschaft. „Die Menschen so nehmen, wie sie sind, weil andere gibt es nicht", adenauert es wohl in den Köpfen der Kirchenoberen. Streng genommen herrscht bei der Kirche eine Doppelmoral. Denn sie akzeptiert damit natürlich das Gewerbe und seine Schattenwelt. Und erkennt diese Existenz eines Sexualmarktes jenseits der Ehe an. Macht daraus ein heuchlerisches Bündnis Prostitution und Ehe gehen eine Koexistenz ein, stehen komplementär zueinander. Und sie legitimieren sich gegenseitig.

Überspitzt formuliert es Kurt Tucholsky: „Was die Kirche nicht verbieten kann, das segnet sie".

MIT DEM MESSER ZUR SCHIESSEREI

„Die Welt braucht schlechte Männer. Wir halten die
anderen schlechten Männer an der Tür ab"
Rust Cohle in „True Detective"

Zuhälter müssen draußen bleiben.

Das Leben der Prostituierten auf der Straße ist risikoreich.
Häuser wie das „Eros-Center" bieten da eine größere Sicherheit,
mehr Schutz. Denn hier können die Damen ohne Zuhälter ihrem
Job nachgehen. Das Haus kontrolliert das Treiben im Bordell.
Auch für die Freier droht weniger Gefahr. Körperlich und ge-
sundheitlich. Jede Prostituierte, die eincheckt, muss ihre Aus-
weispapiere, Arbeitsgenehmigung und ein Gesundheitszeugnis
hinterlegen. Ulli nennt sie scherzhaft die Pussypapiere. Jeder
Kunde muss sich beim Eintritt ausweisen, muss eine Sicherheits-
schleuse passieren. So wird der Zugang für Zuhälter versperrt.

Akzeptiert man die Prämissen, dass Sex als Ware legal angeboten und dass das Tauschgeschäft Sex für Geld auch staatlich
geregelt werden darf, dann geht es hier für die Prostituierten
sicherer und fairer zu als in anderen Etablissements oder gar auf
der Straße. Das „Eros-Center" ist für viele ein Vorzeigebetrieb.
Der scheinbar geglückte Versuch, das Sex-Gewerbe aus dem Dunkel ins Helle zu holen. Behördlich überwacht. Abgekoppelt vom
Milieu. Der saubere Puff. Das Bordell hat mit den Verdiensten
der Dirnen für ihre sexuellen Dienstleistungen nichts zu tun. Der
Betreiber verdient an der Infrastruktur, die er stellt: Reinigung,
Wäsche, Küche, Friseur, Hausmeisterarbeiten und Bar-Service.
Und natürlich die Sicherheit.

Türsteher.

Der Türsteher entscheidet darüber, wer reindarf und wer nicht. Türsteher sind Pförtner, gehören zum Wachpersonal. Sie machen eine augenscheinliche Zutrittskontrolle. Da, wo alle hinwollen, steht meistens einer, der aufpasst. Petrus ist bekanntlich der Wächter der Himmelspforte, der Schlüssel zum Himmelreich. Er weist die Seelen der Verstorbenen ab oder gewährt ihnen Einlass. Petrus der erste Türsteher. Vielleicht sogar Schutzpatron. Der Job hat auf jeden Fall Tradition. So wie Johnny haben die Milieu-Könige Heinrich Schäfer und Anton Dumm ihre Milieu-Karrieren als Türsteher begonnen.

Zwei Freunde machen Frühschicht.

Es ist früh am Morgen. Anfang der 90er Jahre. Ulli und Johnny haben die Frühschicht. Es regnet. Traut man den Wettervorhersagen, wird sich später noch ein Sturm dazu gesellen. Der Himmel über Köln ist dunkelgrau. Johnny macht heute die Tür. Ulli macht die Bar. Aber weil nicht viel los ist, leistet er seinem Kumpel Gesellschaft am Eingang des Eroscenters.

Die blonde Frau begrüßt Ulli mit einem Küsschen und einer kurzen Umarmung. Sie trägt Jeans, einen roten Hoodie und ist noch nicht geschminkt. Später wird sie ein kurzes, schwarzes Kleid und Strumpfhose mit Stulpen anziehen. Die Lippen im tiefsten dunkelrot geschminkt. Ulli hat in aller Herrgottsfrühe gecheckt, dass die Betten frisch bezogen sind. Und Kondome, Gleitgel und Feuchttücher griffbereit danebenstehen.

Hellwach. Keine Gewinner.

Plötzlich kommt ein Mann hereingelaufen. Er scheint verwirrt. Zückt ein Messer und wedelt wild damit in der Luft herum. In gebrochenem Deutsch fordert er Geld. Der Mann, etwa 1,70 Meter groß, trägt eine Brille, einen schwarzen Schal vor dem Gesicht und eine Mütze. Zwischen 50 und 60 Jahre alt, südländischer Typ. Schwarze, verschlissene Jacke, dunkelblaue, unmodische Jeans und dunkle Turnschuhe. Er hat eine braune Tasche mit großen Griffen bei sich. Er hofft mit geldgefüllter Tasche das „Eros-Center" zu verlassen. Angriffe mit Messern enden oft mit schweren Verletzungen oder dem Tod. Unter alten Milieuhasen sagt man, bei Messerstechereien gibt es keinen Gewinner. Nur Überlebende. Also: Gefahr im Verzug.

Selbst wenn der der heilige Petrus, Herr der Himmelstür, der Schutzheilige der Türsteher sein mag, ganz allein darauf will man ich an der Front vom „Eros-Center" nicht verlassen. Vorsichtshalber und nicht ganz legal haben Ulli und Johnny hinterm Cola-Automat einen 38er Revolver versteckt. Und den holt der „Dicke Johnny" hervor. Seelenruhig entsichert Johnny den Revolver, schaut den Messermann mitleidig an: „Komische Gangster gibt es. Kommt mit 'nem Messer zu 'ner Schießerei"

Filmreif.

Wir alle haben schon davon gehört. Manche kennen es aus eigener Erfahrung. Manchmal treibt einem die nackte Angst nicht nur den Schweiß auf die Stirn. Bei starker Überlastung des Nervensystems kann auch mal die willentliche Kontrolle über unsere Schließmuskeln aussetzen. Und so zu einer spontanen Blasenschwäche führen.

Die Nerven des Räubers scheinen überlastet zu sein. Das Schlottern seiner Beine ist trotz weiter Jeans unübersehbar. Und zwischen seinen Beinen färbt sich der Stoff seiner Jeans immer dunkler. Dann tropft es auf den gekachelten Boden. Der Messermann macht sich in die Hose. Der Mann ist mehr als verunsichert. Johnny nicht. Er springt mit einem Satz über den Counter, verpasst dem Ganoven einen mächtigen Tritt in den Hintern. Da wo die Hose noch trocken ist. Und er sagt ihm, er soll sich zum Teufel scheren. Der hört aufs Wort. Ahnt sicherlich, dass er damit noch ziemlich gut davongekommen ist.

Die beiden könnten auch ganz anders. Als die beiden vor die

109

Türe treten, sehen sie dem Mann noch nach, wie er sich wild strampelnd auf einem Damenfahrrad davon macht. Sie haben noch lange Tränen gelacht. „Hoffentlich kriegt er noch den Regen ab, bevor er zuhause ankommt. Dann kommt er nicht in Erklärungsnot", scherzt Ulli.

Alles nur geklaut.

Johnnys Reaktion ist cool, lässig, professionell. Und filmreif. „Cooler Spruch", sagt Ulli bewundernd zu seinem Freund. „Leider nicht von mir", erklärt Johnny. Er ist großer Sean Connery Fan. In einem seiner Lieblingsfilme spielt Connery den Polizist Jim Malone. Als er von einem mit Messer bewaffneten Mafioso in seiner Wohnung überfallen wird, zückt Connery seine Pistole: „Das kann nur ein Spaghetti-Fresser sein. Kommt mit 'nem Messer zu 'ner Schießerei".

„The Untouchables – Die Unbestechlichen" ist ein Kriminalfilm von Brian De Palma aus dem Jahr 1987. Sean Connery wird für seine Rolle mit einem Oscar als bester Nebendarsteller ausgezeichnet.

Johnny war heute Hauptdarsteller. Statt Oscar kriegt er ein Gläschen Sekt ausgegeben von seinem Freund Ulli.

EIN MANN – EIN BEIN

„Wer glaubt, ein Christ zu sein,
weil er die Kirche besucht, irrt sich.
Man wird ja auch kein Auto,
wenn man in eine Garage geht"
Albert Schweitzer

Einbeinig. Zweibeinig. Dreibeinig.

Im Normalfall besitzt der Mensch ja zwei Beine. Was ich als Kind lange nicht wusste, mein Opa verlor ein Bein im Krieg, in Russland. Im Alltag fiel mir seine Behinderung nie auf. Einmal sah ich seine Prothese neben dem Bett stehen. Da dachte ich, mein Opa habe drei Beine.
Bei Einbeinigen hat das Schicksal heftig zugeschlagen. Das Mitleid mit ihnen hat durchaus seine Grenzen. Zumindest in der klassischen Literatur kommen die Einbeinigen selten gut davon. Wie Kapitän Ahab in Herman Melvilles „Moby Dick". Der Roman dreht sich um den Kampf zwischen Kultur und Natur, zwischen Gut und Böse, zwischen Gott und dem Teufel. Der Leser nimmt teil an der Fahrt eines Walfangschiffs. Ahab, der Kapitän der „Pequod", geht aber nicht auf übliche Walfangfahrt.
Die Fahrt ist sein persönlicher, im blinden Hass geführter, Rachefeldzug gegen den berüchtigten Wal Moby Dick, der ihm bei der Jagd ein Bein abgerissen hat. Als Ahab, mit einem Messer bewaffnet, rittlings auf dem Meeresungeheuer sitzt und es töten will, geschah es, „dass Moby Dick mit einem Mal die Sichel seines Unterkiefers unter ihm durchzog und Ahabs Bein durchtrennte, wie ein Schnitter den Grashalm". Ahabs Beinprothese ist aus dem Kieferknochen eines Wals gezimmert.

(2019) Ich treffe Ulli Portz in der Nähe von Fürth. Er wohnt nun in der Nähe des Playmobil-Lands. Seine Frau und er haben Köln irgendwann den Rücken gekehrt. Es war nicht mehr das alte Köln. Er wollte weg. Raus aus dem Milieu. Ein neues Leben anfangen. Er fährt LKW, verdient gutes Geld. Dann kommt es zu einem tragischen Unfall. Er verletzt sich dabei schwer. Ulli ist Jahrgang 1958, ist ein echter Kölsche Jung. Und das ist er auch heute noch, betont er mit voller Inbrunst.

Dirnen-Kollekte.

An seinem achten Geburtstag, im Jahre 1970, nimmt Hermann Portz seinen Sohn Ulli an die Hand: „Wir gehen jetzt mal zu den lieben Tanten, mal schauen, ob die was für Dich haben." Vater und Sohn besuchen die Brinkgasse. Am Ende spendieren die Damen des horizontalen Gewerbes satte 500 Mark für den kleinen Ulli.

„Die Damen verdienen gutes Geld. Und an liebe Jungs wie Dich geben die gerne auch mal was ab", so erinnert Uli den Kommentar seines Vaters zu diesem stolzen Geburtstagsgeschenk. Mit 16 macht Ulli macht eine Ausbildung zum Elektriker, bei Elektro Mayer in Niehl. Als sich Schäfer ein Feuerwehrboot von der Stadt Köln kauft, hilft im Ulli beim Innenausbau.

Puffbesuch statt Kirchgang.

Heute schieben Johnny und Ulli eine gemeinsame Schicht im Eros-Center. Es ist Sonntag, 1992. Früh am Mittag. Die Schicht geht noch bis 14 Uhr. Danach werden die beiden ausgehen. Ulli und Johnny sind Freunde.

Als sie zum ersten Mal zusammen ausgehen, sind sie ziemlich lange unterwegs. Die erste Nacht ist schnell vorbei. Der nächste Tag auch. Die beiden haben Steherqualitäten. Periodisch bittet unser Körper uns um Ruhezeit. Und teilt uns das mit mittels verschiedener Botschaften. Gähnen. Die Augen fallen zu. Langeweile. Ohnmacht.

Die beiden sind aus einem anderen Holz geschnitzt. Als die zweite Nacht anbricht, fragt Ulli, ob Johnny nicht mal nach

Hause muss. Ob seine Frau denn keinen Ärger macht. Johnnys Erklärung ist ungewöhnlich. Wenn er am zweiten Abend nach Hause kommt, gibt es Ärger. Am dritten Abend noch größeren. Ab dem vierten Tag dann überwiegt die Freude des Wiedersehens den Ärger. Dann gibt es Kaffee und Kuchen.

Keine besonderen Vorkommnisse.

Dezemberkälte. Bis Weihnachten ist es nicht mehr lange hin. Gleich beginnt der große Gottesdienst im Dom. Nur Uli und Johnny sind heute die Herren im Hurenhaus. Johnny macht den Eingang. Die Sonntage sind meistens ruhig. Der heutige ist besonders ruhig. Etwas zu ruhig für Johnnys Geschmack. Die Kameras am Eingang surren mitleidlos und gelangweilt vor sich hin. Auf den Videoschirmen sind nur vereinzelte Schatten von Freier zu sehen, die in dicken Mänteln aus der Kälte kommen. Keiner davon auffällig. Ulli hat die Aufsicht an der Bar. Rund 20 Frauen an der Theke. Ein paar versprengte Freier, die zuhause den Gottesdienst vorgaben, trinken sich lieber ein Bier und schauen sich dabei die Frauen an, die hier an der Poledance-Stange tanzen. Ein junger Stammgast verabschiedet sich. Er muss los, seine Eltern warten mit Gänsebraten auf ihn.

Geregelter Verkehr.

Meist geht es freundlich zu hier im Eros-Center. Die Freier benehmen sich. Ulli und Johnny sind bekannt in der Szene. Sie pflegen einen fast schon herzlichen Umgang mit ihren Gästen. Mit ihnen versteht sich fast jeder. Und wer sie gut kennt, der weiß, man sollte sich nicht anlegen mit ihnen. Sie sind recht tolerant, verständnisvoll und ruhig im Ton.

Ganz selten hat die Freundlichkeit der beiden eine Grenze. Bei Problemkunden wissen sie aber auch, deutlicher zu werden. Problemkunden sind solche, die sich nicht benehmen können, die auf Krawall aus sind und die, die nicht zahlen wollen.

Gibt es Ärger, versuchen die beiden es erst einmal allein zu klären. Wenn es hart auf hart kommt, ist die Polizei schnell vor Ort. Alles hier hat seine Ordnung.

Ein Freiherr und Gentleman.

Der Freier, der gerade die Bar betritt, fällt Ulli gleich ins Auge. Er ist ganz anders als die vielen anderen, die sonst hier verkehren. Beim Betreten der Bar nickt er Ulli grüßend zu. Nimmt seinen Hut ab. So wie es die Hut-Etikette vorschreibt. Am Eingang hat er einen Gutschein bekommen für die 5 DM Eintrittsgebühr. Den legt er auf die Theke. Und bestellt sich ein Bier. Der ungewöhnliche Gast trägt einen edlen, maßgeschneiderten, beigen Anzug. Vermutlich Kaschmir. Dazu eine dunkelbraune Krawatte über dem weißen Hemd.

Er ist scharf rasiert, sauber und nüchtern. Eine feine, fingerlange Narbe ziert sein linkes Jochbein. Er trägt keinen Ohrring, keinen Armreifen, kein Kettchen am Handgelenk. Kein Kettchen um den Hals. Ein Gentleman wie er trägt niemals mehr als zwei Schmuckstücke. Bei ihm ist es ein Siegelring am rechten Mittelfinger und eine dezente, aber goldene Uhr am Handgelenk. Seine Schuhe sind auf Hochglanz poliert.

Champagner für die Damen.

Nachdem er sein Bier getrunken hat, fragt der stilvolle Freier Ulli, was die Damen denn wohl trinken wollen. Ulli weiß, die Damen bevorzugen den Champagner. Den gibt es an der Bar für 80 bis 200 DM die Flasche. Ulli rechnet kurz durch. Mit 8 Flaschen sind die Damen gut bedient. Der Gast nickt. Er wählt den besten Champagner. 8 Flaschen a 200 Mark.

Der spendable Gentleman legt einen 1000 DM Schein auf die Theke, einen 500er, einen 100er. Und gibt Ulli 50 DM Trinkgeld. Ulli öffnet die Flaschen, schenkt die Gläser ein. Der Freier wird gleich von etlichen Damen umringt. Und er genießt es, im

Mittelpunkt zu stehen. Er plaudert, lacht und schäkert mit den Damen. Ungeniert lässt er sich seine Krawatte vom Hals ziehen. Der Champagner ist schnell getrunken. Der Gast wendet sich zu Ulli, der hinter der Theke gerade für Ordnung sorgt. Bestellt eine zweite Runde. Als Ulli gerade die erste Flasche der zweiten Runde öffnet, sagt der Freier: „Die Runde geht auf Dich". Ulli hält das für einen schlechten Scherz. Schaut den Gast fragend an. Der Gast weicht seinem Blick nicht aus. Und wiederholt sich. „Die Runde geht auf Dich. Ich bezahle sie nicht." Nervös stellen die Dirnen ihre Gläser ab. Und wenden sich ab. Sie riechen den Ärger, der kommt. Ulli stellt die bereits geöffnete Champagnerflasche auf die Theke.

Auge in Auge.

Nachdem er sich nochmals erkundigt, ob es der Freier wirklich ernst meint, beugt sich Ulli über die Theke und flüstert dem Freier nur für seine Ohren zu: „Hör jetzt gut zu Du gottloser Gast. Meine Eltern haben mir Manieren beigebracht. Deshalb bin ich besonders an Sonntagen sehr tolerant. Diese eine Flasche Champagner bezahlst Du noch. Und danach machst Du Dich hier unauffällig vom Hof. Dann verzeihe ich Dir Deine Sünde. Wenn nicht verpasse ich Dir einen Satz heiße Ohren."
Der Freier ist völlig unbeeindruckt von Ullis Drohung. „Was willst Du machen? Willst Du mich schlagen. Ich habe keine Angst vor Dir". „Schlagen werde ich Dich erst einmal nicht", entgegnet Ulli. „Aber ich werde Dich auf den Kopf stellen. Und so lange schütteln, bis Dir das Geld aus den Taschen fällt".
Der Freier zeigt keine Reaktion. Ulli verlässt seine Theke, stellt sich dem Freier gegenüber. Da stehen sie nun Auge in Auge. Wie aus dem Nichts, tritt der Freier plötzlich zu. Er versucht Ulli zwischen den Beinen zu treffen. Ulli kriegt das Bein zu fassen. Hält es fest. Der Freier geht einen Schritt zurück. Ulli hat das Bein noch immer in der Hand. Es ist eine Prothese. Nun stehen sie da. Ulli noch verdutzter als der Gast.

Der steht nun da, auf einem Bein. Und hält erstaunlich gut die Balance. Dann kommt Johnny in die Bar. Jemand hat ihn um Hilfe gerufen. „Der hatte, als er reinkam, aber noch zwei Beine", kommentiert er die Szene.

Warten aufs Taxi.

Nun sitzen sie draußen vor dem Eingang des Eros-Centers. Ulli und der vermeintliche Gentleman. Das Taxi wird schnell kommen. Die beiden sitzen auf dem Rand des Blumenkübels, gleich neben dem Eingang. Zwischen ihnen steht die Beinprothese auf dem Boden. Sie reden kurz. Die Narbe an seinem Jochbein stammt von einem Faustschlag oder einem Aschenbecher. Dass weiß er nicht mehr genau.

Wie er sein linkes Bein verloren hat, hingegen schon: Es passierte bei einer Motorradtour an der französischen Küste. Der LKW-Fahrer, der ihn zuvor übersehen hat, rettet ihm anschließend das Leben. Er lag neben dem Motorrad. Bei vollem Bewusstsein. Sieht, wie der Fahrer von seinem Fahrerhaus springt und erst einmal ausrutscht. Nicht auf dem ausgelaufenen Benzin seiner Harley, sondern auf seinem Blut. Mit seinen Daumen hält der Fahrer seine Arterie zu, stoppt so das aus seinem Bein spritzende Blut.

Dann steht das Taxi vor ihnen. Der Freier packt Ullis Schulter und setzt sich geschickt auf den hinteren Sitz. Dann reicht Ulli ihm die Prothese. Der Taxifahrer schaut verdutzt. Fährt dann los. Das Geld für die geöffnete Champagnerflasche zu kassieren, hat Ulli vergessen.

Der Weg zurück in den Alltag. Fliehkräfte.

Ulli Portz verliert viele Jahre später auch ein Bein. Auf der Rückfahrt von einer Tour, steht er mit seinem LKW im Stau ganz hinten. Sein LKW ist ohne Anhänger. Vor ihm steht ein Milchtransporter. Der rumänische Fahrer hinter ihm bremst erst spät.

Die Knautschzone ist klein. Der Motorblock schiebt sich ins Führerhaus. Nach seiner Beinamputation beginnen die Rehabilitationsmaßnahmen. Ulli soll zurück in den Alltag finden. Seinem Leben soll wieder ein Stück Normalität bekommen. Trotz seiner Behinderung. Wenn möglich, ohne Rollstuhl. Anders als bei einer Armprothese, geht es bei einer Beinprothese nicht nur darum, die fehlende Funktion zu ersetzen. Eine weitere, große Herausforderung ist es, dass der Patient mit den Schwer- und Fliehkräften der neuen Bewegungsabläufe klarkommt. Ulli hat sich damals über den unverschämtem Gentleman-Freier sehr aufgeregt. Jetzt weiß er, dass er es geschafft hatte, sich in den Alltag wieder einzugliedern. „Die Fliehkräfte seiner Prothese hatte er auch gut im Griff, vorbildlich", schmunzelt Ulli. Nach dem, was nun Ulli widerfahren ist, ist der komische Kauz, trotz alledem, nun auch eine Inspiration auf dem Weg zu seiner Genesung.

DIE PLATINBLONDE
IM PASCHA

„Wonach sehnen wir uns beim Anblick der Schönheit?
Darnach, schön zu sein:
wir wähnen, es müsse viel Glück damit verbunden sein.
Aber das ist ein Irrtum"
Nietzsche

Die nackten Zahlen.

Deutschlandweit gehen täglich 1,5 Millionen Männer zu einer Prostituierten. Nicht nur Ehefrauen kommen bei diesen Zahlen sicherlich ins Grübeln. Etwa 13 Prozent der Prostituierten arbeiten auf der Straße. 87 Prozent arbeiten indoor, fast die Hälfte davon in Bordellen und Clubs. Nehmen wir an, ein Freier bezahlt 100 Euro für den Dirnendienst. Dann werden im Milieu jeden Tag 150 Millionen Euro umgesetzt. Laut Deutschem Bundestag werden mit der Prostitution jährlich Umsätze in zweistelliger Milliardenhöhe erzielt. Genauere Schätzungen gehen von rund 15 Milliarden pro Jahr aus.

Auch in Köln:
Galoppierende Enthemmtheit.

1995 wird das Eros-Center zwangsversteigert. Der neue Besitzer tauft das Bordell in „Pascha" um. Mag sein, dass die kasernierte Kultur der Lieblosigkeit im „Pascha" auf die Spitze getrieben wird, das trostlose Geschäft läuft.

Die Kundenzahl steigt wieder an und geht durch alle Gesellschaftsschichten. Im „Pascha" sollen 30.000 Freier monatlich ein und aus gehen. Eine Prostituierte dürfte im Pascha an die 75 000 Euro netto jährlich verdienen.

Insgesamt arbeiten dort zwischen rund 180 Frauen und 90 festangestellte Mitarbeiter.

Puffbesuch. Probe aufs Exempel.

Es ist Samstag 22 Uhr. Ein seltsamer Sommerabend im Jahre 2019. Stickig und schwül. Ein heißer, klebriger Wind weht durch die Kölner Straßen. Ein Wind, der die Luft schwer macht, die Frisur versaut und an den Nerven zerrt. Mit dem Wind kommt eine nervöse, gereizte Stimmung. An solchen Sommerabenden kann viel passieren. Heute schaue ich mir das „Pascha" an. Bin dort mit Johnny verabredet. Die Taxifahrt dorthin geht durchs Ehrenfelder Gewerbegebiet. Leere, trostlose Parkplätze. Ein grell beleuchtetes Gewerbegebiet. Früher war hier mal ein Schlachthof. Der Taxifahrer ist Portugiese. Wohnt hier gleich um die Ecke. Er hat bis 2010 hier im Schlachthof gearbeitet. Jetzt kellnert er tagsüber in einem Restaurant. Abends fährt er Taxi. Früher hielt man das Fleisch noch lebendig frisch, lerne ich von ihm. Die lebenden Tiere wurden in den verbrauchernahen, also städtischen Schlachthöfen geschlachtet und verarbeitet. Heute werden die Tiere erzeugernah, in ländlichen Schlachthöfen, geschlachtet. Der Transport des Fleischs erfolgt nun über Kühltransporte zu den Verbrauchern. Die Vorstellung, dass hier mal Kühe geschlachtet wurden, macht mich besonders traurig. Ich mag Kühe. Mochte sie schon immer. Wie sie friedlich vor sich hin kauen und dampfen, in ihrer unendlichen Gutmütigkeit. Ihre Wärme, ihre Geduld, ihre Ausweglosigkeit, die sie gelassen hinnehmen.

An der Bar.

Das Taxi hält zwischen zwei Hochhäusern. Jeder Kölner Mann kennt das „Pascha", sagt der Portugiese mir noch zum Abschied, „aber keiner will je dort gewesen sein". Hier also ist die höchste Dichte an Prostituierten in ganz Deutschland.

Man ahnt von der Existenz dieses Ortes. Würde er still und heimlich über Nacht verschwinden, niemand würde es bemerken, denke ich. Ich weiß, dass dieser Gedankengang nicht ganz der Wahrheit entgegenkommt. Viele Mädchen sind in der Bar und sorgen für Unruhe. Sie stehen zusammen. Nur eine Handvoll, scheinbar desinteressierte Freier an der Theke. Die meisten Frauen hier kommen aus Rumänien und Bulgarien. Eine sieht aus wie Amy Winehouse. Die meisten Frauen sind mehr als spärlich bekleidet. Offenherzige Tops, Netz-Strümpfe, High Heels. Unter ihnen kaum eine zu finden, die nicht magersüchtig erscheint. Ihre Gesichter makellos geschminkt. Ihre Haare streichen sie regelmäßig hinters Ohr, während sie ihre Gedanken austauschen. Sie reden und reden, während ein gleichgültiger, verächtlicher Bass über dem Wirrwarr der Stimmen liegt. Mit pathetisch abwehrenden Gesten und spöttischen Mundwinkeln drücken sie manchmal ihre Empörung aus. Ab und an lassen sie im Kollektiv Druck ab, mit schallendem Gelächter. Wie ein schriller Wasserkessel der pfeift. Eine Platinblonde geht im federleichten Gang an die Theke. Auf dem Rückweg, mit zwei Cocktailgläsern in der Hand, lächelt sie mir freundlich zu.

Der Hund an der Kette.

Links neben mir an der Theke ein junger Typ. Mit seinem Drink in der Hand schaut er lächelnd und unaufgeregt ins Nichts. Das Kontrastprogramm dazu rechts neben mir. Mitte fünfzig wird er sein. Er sitzt gekrümmt auf seinem Barhocker. Sieht aus, als sei er mit dem Motorrad gekommen. Er trägt eine schwarze Lederweste, Ohrringe und einen Totenkopfring an seinem rechten Ringfinger. Seine Koteletten sind dünn rasiert. Seinen Kopf, voll mit schweren Gedanken, muss er auf der Theke abstützen. Ein alter Hund, der wohl zu lange an der Kette war. Ich nicke ihm zu. Männer am Tresen. Das verbindet. Wer am Tresen steht, will Bier und quatschen. Dachte ich bislang. Im Puff herrschen wohl andere Gesetze. Denn sein Blick lässt ahnen, dass er sein selbstauferlegtes Schweigen heute nicht brechen wird. Er spielt den

Vertieften, der die Anwesenheit der anderen nicht wahrnimmt. Ein trauriges Schauspiel mitten im Bordell. Natürlich giert er nach einem Publikum.

Am Ende der Theke steht ein langer, dünner, unruhiger Schlacks. Er scheint auf irgendwas oder irgendwen zu warten. Er steht da, wie ein wackeliger Kleiderständer, den man nachts auf die Straße gestellt hat, den aber niemand mitnehmen will. Eine Prostituierte sagte mir einmal, die glücklichen Männer ähneln sich in ihrer Art glücklich zu sein. Jeder unglückliche Mann ist auf seine Art unglücklich. Vermutlich hat sie recht.

Mit Günther, er ist 72 Jahre alt, plaudere ich ganz kurz. Er gibt mir ein Bier aus, bevor er geht. Sein „Rolling Stones"-Shirt spannt sich am Bauch. Er trägt Vollbart und eine lange, schneeweiße Mähne. In seiner Jugend war er mal professioneller Ringer. Bevor er sich auf seinem Rollator aus der Bar schiebt, fragt er mich, wie alt ich sei. Uns trennen zwei Jahrzehnte. Er lächelt mich an, schüttelt dann meine Hand zum Abschied und sagt: „Mach was draus".

Außerirdische im Puff.

Langsam füllt sich die Bar nun auch mit Männern. Die Rudelbildung der Nutten löst sich auf. Und sie verteilen sich unter den Männern, die meisten unter ihnen mit sich allein. Nun starten die launigen Geschichten der heutigen Nacht. Schaue ich den Frauen und Männern zu, kommt mir deren überreiztes Possenspiel ziemlich dämlich vor.

Mein Trick, dieses Treiben erträglich zu gestalten: Ich nehme den sachlich, distanzierten Blick des Zoologen ein. Mögen die Gesten auch romantisch anmuten, sie sind armselig anzuschauen. Die Prozeduren laufen in einer verzweifelten Eintönigkeit ab. Der vernebelte Geisteszustand der Männer kommt mir vollkommen schwachsinnig vor.

Zwei Typen sehen so aus, als seien sie aus der Steinzeit hier an die Bar katapultiert worden. Groß gewachsen, braun gebrannt, trainierter Körper, mit sehnigem Hals, Kiefern, mit denen man

Schnee pflügen könnte. Diese beiden Exemplare erschrecken besonders mit ihrem Auftritt hier. Vermutlich, weil sie uns daran erinnern, woher wir abstammen. Bei meinem dritten Gin Tonic kommt ein komischer Gedanke in mir auf. Was wäre, wenn jetzt eine Truppe Außerirdischer ins Pascha kommen würde. Zu einer Fotosafari oder so. Würden die Außerirdischen mit einem völlig verzerrten Bild vom Kölner Nachtleben wieder in ihre Galaxie abreisen? Oder ist es wirklicher, als ich es gerade empfinde? Was würden sie ihren Kindern auf ihrem Heimatplaneten wohl über uns erzählen? Würden sie noch einmal wiederkommen?

„Sie war eine Blondine von der Art, die einen Bischof dazu bringen kann, mit einem Ball ein Loch in ein Kirchenfenster zu schießen"
Raymond Chandler

Verführerischer Duft.

Ich bestelle meinem vierten Gin Tonic. Und langsam steigt ein romantischer Optimismus in mir auf. Vielleicht liegt es an der Platinblonden, die manchmal zu mir herüberschaut. Und ich lächle zurück. Ich schaue auf die Uhr. Es ist wie immer. Johnny kommt zu spät zu unserer Verabredung. Und plötzlich steht sie vor mir.

Mit einem überwältigen Augenaufschlag taxiert mich die kühle Blonde. Ich werde ergriffen von einem feierlichen Rausch. Sie ist umweht von einem verführerischen Duft. Ihr Lächeln rasiermesserscharf. Zwischen ihren tiefrot geschminkten Lippen eine glühende Zigarette, deren Qualm das Licht der Bar durchkringelt. Im Geiste höre ich schon ihre Stimme. Und sinke auf die Knie. Ich kann aber nur dumm lächeln. Sage kein Wort. Dann spüre ich einen sanften, kumpelhaften Rempler. Johnny steht neben mir. Er grüßt die Platinblonde. Sie grüßt zurück. Und sie verschwindet, ohne sich zu verabschieden. Johnny bestellt sich auch einen Gin Tonic. Wir schweigen und schauen dem Treiben nun gemeinsam zu.

Schimanski im Puff.

Zwei Männer fallen mir auf. Beide in Schimanski-Outfit. Der Kult-Kommissar Götz George trug diese US-amerikanische Feldjacke namens M65 im Tatort. In Deutschland kennt man das gute Stück lediglich unter dem Namen „Schimanski-Jacke". Götz George trug die Jacke auch oft privat. Diese Feldjacke hat auch Kino-Tradition. Robert de Niro trägt sie in „Taxi Driver". Im ersten „Rambo", „First Blood", schlüpft Sylvester Stallone zum ersten Mal in die Rolle des Kriegsveteranen John Rambo und auch in die „Schimanski-Jacke". Die M65 ist mehr als nur ein zuverlässiges Kleidungsstück für alle Wind- und Wetterlagen. Sie hat Kultstatus.

Die beiden kommen sich scheinbar ziemlich cool vor. Sie schlendern lässig an der Theke vorbei. Grüßen die Kellnerinnen hinter der Theke. Sie machen die Bar zu ihrer Arena. Ihr Blick auf die Mädchen strotzt voller humorlosem Selbstbewusstsein. Ich bedaure jetzt schon die Mädchen, die mit ihnen aufs Zimmer gehen. Dann steht Johnny auf. Redet mit den beiden. Der kleine dicke Johnny. Und die beiden Rambos. Sie scheinen sich zu kennen. So wie hier fast alle Johnny kennen. Irgendwie ist Johnny umweht von einer ganz speziellen Aura fällt mir zum ersten Mal auf.

Eigentlich, denke ich, gehört er hier nicht hin. Wie ein angeschwemmtes Treibgut aus einer anderen Zeit. Die drei beenden ihre Unterhaltung. Die Rambos nicken. Und verlassen die Bar. Ich sage zu Johnny, gut dass die beiden weg sind. Johnny sagt: „Ja, die Typen vom Ordnungsamt kommen immer unangekündigt. Und schauen manchmal nach dem rechten. Gut, dass sie weg sind."

Mehr ahnen als sehen.

Johnny führt mich zum Friseursalon. Dort habe ich eine Verabredung, die Johnny für mich organisiert hat. Der lange Flur, durch den wir unseren Weg bahnen, ist in gedämpftem Licht getaucht. Tageslicht gibt es nicht. Die Wände sind in einem grünlichen Gelb gestrichen. Die Atmosphäre ist einschüchtert. Man ahnt mehr, als man sehen kann. In der Luft ein Duft aus billigem Parfüm und stechendem Raumspray. Die Türe einer der Luxussuiten geht auf. Ich sehe eine Spielwiese aus schwarzem Kunstleder. Groß wie zwei Doppelbetten. Ein lebensgroßer Plüschtiger räkelt sich darauf. In der Mitte der Suite ein Whirlpool, in den eine komplette Fußballmannschart passt. Inklusive Ersatzbank. Ein paar kitschige Säulen und Spiegel, barbusige Airbrush-Mädchen als Wandschmuck. Die Blätter der zwei mannshohen Palmen sind mit goldener Farbe überzogen. Wir passieren einen Fahrstuhl. Drei Frauen steigen aus. In ihren kurzen Bademänteln, mit Handtüchern unter ihren Armen huschen sie schnell an uns vorbei. Für die Freier, die spurenlos in bar bezahlen wollen, steht in einer Nische, gleich neben dem Aufzug, ein Geldautomat. Dass alle Kreditkarten willkommen sind, steht in unzähligen Sprachen darauf.

Auch mal ohne.

Die Tür zum Friseursalon steht offen. Kim sitzt vor einem riesigen Spiegel, an dem unzählige Postkarten geheftet sind. Mit übereinandergeschlagenen Beinen wartet die zierliche Brünette auf ihren Friseur. Sie trägt ein rotes T-Shirt, blaue Jeans und Chucks. Johnny stellt uns kurz vor. Und verschwindet sofort wieder.

Der Aschenbecher auf dem Frisiertisch vor ihr quillt über. Das Glas mit Mineralwasser ist unberührt. Auf dem Frisierstuhl neben Kim sitzt eine junge Frau mit feuerroten Haaren. Sie trägt ein Piercing an der Unterlippe. Zündet sich eine Zigarette an. Das Handy in ihrer Leopardentasche klingelt. Sie kramt es raus. Während sie mit dem Handy am Ohr telefoniert, kaut sie an ihren langen, pinken Fingernägeln. Es klingt Russisch. Ihren Sekt trinkt sie dabei in großen Zügen. Ab und an hustet sie. Dann nimmt sie den nächsten Zug an ihrer Zigarette.

Kim ist in der Nähe von Frankfurt aufgewachsen. Hessischer Zungenschlag. Große Lust mit mir zu reden hat sie offensichtlich nicht. Zumindest auf einen kurzen Plausch lässt sie sich mit mir ein. Sie fühlt sich wohl im Pascha, sagt sie. Sie kennt hier viele Frauen. Ein klein wenig ist es hier auch mal wie Familie. Einen Freund hat sie gerade nicht. Sie würde auch nur einen nehmen, der ihren Job akzeptiert. Ihre Männer sucht sie sich aus. Mit bestimmten Typen will sie nichts zu tun haben. Beim Sex schaltet sie ab. Das hat sie mit der Zeit gelernt. Irgendwelche Krankheiten hatte sie noch nie. Sie passe schon auf sich auf. Sie hat ein paar Stammkunden. Wer einen aktuellen Blutspende-Ausweis dabeihat, der darf auch mal ohne. Die Freier sind ganz normale Arbeiter, Geschäftsleute, jung, alt, deutsch, Ausländer. Kim ist sich sicher, dass mindestens 90% der Freier verheiratet sind. Was die Freier bei ihr bezahlen müssen, hängt von den Details ab, meint sie. Nach diesen Details erkundige ich mich nicht. Der Preis liegt zwischen 50 und 200 Euro bei ihr. An besondere Besuche erinnert sich Kim auch. An einen Flügelflitzer aus der Fußballbundesliga, einem deutschen Schlagersänger und auch ein ausländischer Minister waren bei ihr zu Gast. Die nahmen aber alle einen separaten Eingang.

„I was as hollow and empty as the spaces between stars"
Raymond Chandler, The Long Goodbye

Rückfahrt. Eva und Maria.

Auf der Rückfahrt denke ich an die Platinblonde. Meine Gedanken fahren Karussell. Unsere kurze Begegnung habe ich wohl noch nicht überwunden. Genauso wenig wie die Märchenwelt, die auch in mir noch schlummert. Wir haben sie scheinbar hinter uns gelassen. Doch die Märchenwelt ist noch da. Eva und Maria. Maria und Eva. Ein Dilemma des Mannes ist wohl der Seiltanz zwischen diesen beiden ewigen Rivalinnen. Die zart liebende Maria in ihrer furchtlosen und geduldigen Liebe. Ein stilles Leuchtfeuer in einer kaputten Welt. Die schillernde Eva. Die zwiespältige, zwielichtige Verführerin. Das grell überschminkte Delikt. Die heilige Hysterie. Wie schnell katapultiert uns eine Utopie in eine magische Trance. Wie schnell geraten wir in einen paranoiden, rauschhaften Schwindel, in dem wir uns verlieren. Die Laternen beugen sich müde über die Straße. Manchmal blenden die Lichtkegel vorbeifahrender Autos. Der Himmel zeigt keine Farben mehr. Die Nacht hat ihre dunkle Decke über den Tag gelegt. Am Himmel keine einzige Wolke. Nur ein totenblasser Mond. Und das Wirrwarr der Sterne, die frei und nackt im Nichts hängen. Lustlos und geschwätzig flackern sie vor sich hin, schauen neugierig zu uns herab. Vielleicht sind wir es, die die Sterne in ihrer Finsternis trösten müssen. Das Taxi rauscht am ehemaligen Schlachthof vorbei. Wieder kommen mir die Kühe in den Sinn. Sie kennen ihr Schicksal. Und sie haben sich mit ihm versöhnt. Es macht mich melancholisch. Und löst eine stille Bewunderung in mir aus. Selbst wenn sie Flügel hätten, würden sie immer wieder zu sich selbst zurückkehren. Sie verirren sich nie.

VOM EHRENKODEX UND DER LIEBE IM MILIEU

MIT FÄUSTEN UND OHNE WAFFEN

Verbrecher, Banditen, Ganoven, Gauner, Halunken, windige Gestalten? Ja, das sind sie. Aber: „Gesetzlose", das sind sie nicht. In ihrem Kölner Revier gibt eine Art Gesetz, einen Kodex, der dieser Halbwelt seinen Stempel aufdrückt. Und auch wenn sie oft Rivalen sind, dieser sogenannte Ehrendkodex bestimmt ihr Verhalten. Und sie halten sich daran. Dass betonen die Jungs aus dem Kölschen Milieu noch heute. Dieser Kodex steht nirgendwo geschrieben. Er ist im Laufe der Zeit allmählich entstanden. Er beinhaltet Normen, die Ehre und das ehrenhafte Verhalten der Mitglieder und ist verbunden mit Verpflichtungen, an den sich das Milieu zu halten hat. Jeder, der sich an diesen Kodex hält, darf von anderen erwarten, entsprechend behandelt zu werden. Der Kodex dreht sich um die Loyalität innerhalb des Milieus, um den Zusammenhalt, den er garantieren soll, um das Ehrgefühl, das eng mit Verschwiegenheit verbunden ist, Regeln für den Kampf, Umgang mit Geld und, man mag es kaum glauben, um Mäßigung im Umgang miteinander. Wer dazu gehört und sich an den Kodex hält, wird geachtet und respektiert. Dies sind die vier zentralen Gebote des Ehrenkodex:

1. „Mit Fäusten und ohne Waffen"
2. „Keiner wird verpfiffen"
3. „Schulden sind Ehrenschulden"
4. „Lass die Frau in Ruhe"

Werfen wir nun einen Blick auf das erste Gebot des Ehrenkodex: „Mit Fäusten und ohne Waffen". Natürlich geht es im Milieu nicht immer gewaltfrei zu. Pazifisten sind dort nicht zu finden. Ihre Konflikte tragen sie aus mit verschiedensten Mittel. Manchmal auch mit Gewalt. Für diese Männer ist Gewalt häufig ein Mittel sich durch zu setzen. Für sie ist Gewalt oft praktisch und einfach effektiv. Sie kommen oft aus armen Verhältnissen. Viele sind ungebildet. Und so gibt es für sie keine raffinierten Methoden ihre Interessen durchzusetzen. Zwangsläufig gesellt sich zum Größenwahn vieler Luden die Gewalt. Auch die Lust daran. Es wäre naiv zu glauben, sie wären die edlen Wilden der damaligen Zeit gewesen. Aber ihre Gewalt hat Grenzen. Und Zeitgenossen erinnern sich unisono, dass dies der Normalfall ist. Bert Wollersheim, der wohl bekannteste Bordellbetreiber dieser Tage, der die Medien alles andere als scheut, erinnert sich an das Milieu vergangener Tage: „Damals wurde sich noch mit Fäusten geprügelt, nicht so wie heute".

Er ist nicht der einzige Zeitgenosse, der bestätigt, dass sich die Männer des Milieus darangehalten haben. Bei handgreiflichen Auseinandersetzungen lässt man nur die Fäuste sprechen. Liegt ein Gegner am Boden, ist der Kampf beendet. In der heutigen Welt ist dieser Kodex in Vergessenheit geraten. Die damalige Gaunerehre, die die schweren Jungs vom Rhein so an den Tag legten, hat sich mittlerweile auch in Köln längst verflüchtigt.

Seinen Gegner auf Übelste zu verletzen, selbst wenn er am Boden liegt, ist in heutigen Zeiten gang und gebe. Es gibt zahlreiche Beispiele von damals, in denen diese Gaunerehre nicht verletzt wird. Und alle diese Geschichten sind durchaus glaubhaft. Und werden selbst von Polizisten und Milieu-Experten bestätigt.

Dennoch gibt es Ausnahmen. Auch wenn der Mythos einen wahren Kern hat, ist er nicht ganz ohne Kratzer.

Ein realistischer Blick zurück. Nichts ist ruhiger als ein geladener Revolver.

Um sein Gegenüber einzuschüchtern, nutzt „Schäfers Nas" gerne mal seinen Revolver. Der „Lange Joe" erinnert sich an ein Treffen mit dem Rotlichtkönig im Rheinauhafen. Dort hat Schäfer sein Boot liegen. „Im Hafen empfing er mich mit gezogener 45er: „Und:vier f driesst dir jetzt in die Botz?" Aber es war nur ein Bluff. Stattdessen zeigte er mir dann sein Schiff". Peter Stevens, der Fahrer von „De Nas", weiß, Schäfer hatte so gut wie immer einen Revolver dabei. Bevor es zu handfesten Auseinandersetzungen kommt, wirft er die Waffe Peter zu. Ehrenkodex, Ehrensache.

Knall auf Fall.

Carl-Ludwig Cremer besitzt etliche Lokale im Milieu-Gebiet der 60er und 70er Jahre: die Diskothek Panoptikum, die Kneipe Omas Schnapshaus und das Café Santa Marlena. Seine Gattin Marlene berichtet aus diesen Zeiten: „Es war ziemlich gefährlich auf den Ringen, da wurde auch geschossen". An den Ringen sind Schlägereien und auch Schießereien an der Tagesordnung, erzählt sie. Ein im „Santa Marlena" abgewiesener Gast kehrte 15 Minuten später wieder und schießt in den Laden. Dagmar Kober, die Halbschwester von „Abels Män" berichtet in ihren Memoiren von lebensgefährlichen Schusswunden ihres Bruders: „Später ließ er die Kugel, die ihn getroffen hatte in Gold, fassen und trug sie an einer Kette als Talisman um den Hals".

Handgranaten.

Wenn Waffen im Spiel sind, handelt es sich nicht immer nur um Handfeuerwaffen. Manchmal hat das Milieu auch größere Kaliber im Visier. Peter Stevens, der zwei Jahre der Fahrer von Schäfer ist, stößt bei einer Wagen-Inspektion auf einen explosiven Fund: Hunderte von Handgranaten liegen im Kofferraum von Schäfers Oldsmobile. Warum diese Fracht dort lagert, hat er Schäfer nie gefragt. Es gibt Dinge, die im Milieu passieren, die sollte man besser nicht wissen.

Nicht nur Verletzte.

Manni Meier, EX-Express-Chefreporter berichtet über die Zeit damals: „Es gab schon üble Prügeleien. Und manchmal blieb auch einer auf der Strecke. Den Prumbaum, auch ein Bär von einem Mann, haben sie nachts erstochen. Der Schweizer Michel hat vor dem ,,Frechen Spatz" seinen Schwiegersohn erschossen, der ein oder andere hat sich umgebracht".

Der legendäre Kampf jedenfalls aus dem Jahre 1975 zwischen dem „Dummsen Tünn" und „Schäfers Nas", wird mit offener Faust ausgetragen.

KEINER WIRD VERPFIFFEN

„Die jet saaje wisse nix – un die jet wisse saaje nix"
Alte Kölsche Weisheit

Kölsche Tradition: Behalte es für Dich.

„Mer soll nit alles an de Domklock hange". Nichts alles gleich an die Domglocke hängen, ist eine alte Kölsche Redensart. Bei dieser Domglocke handelt es sich um den „Dicken Pitter", die mächtigste Glocke im Domgeläut, eingeweiht im November 1924. Der „Dicke Pitter", die größte frei schwingende Glocke der Welt, ist drei Meter hoch und ganze 24 Tonnen schwer. Ihr Geläut hört man nur an den großen Feiertagen. Dann klingt sie weit über Köln hinaus. So weit, wie sich Gerüchte verbreiten. Auch die aus dem Kölschen Milieu...

Loyalität im Milieu.

Verschwiegenheit ist auch im Kölner Milieu von großer Bedeutung. Es ist nicht wichtig wie stark oder reich man ist, Integrität ist alles. Diese gelebte Loyalität garantiert die Stabilität des Milieus. Wer das Schweigen bricht, gefährdet den Fortbestand dieser geschlossenen Gesellschaft. Wer schweigt, folgt dem höchsten Ideal, kann sich der Loyalität des Milieus gewiss sein. Ehre wird nur dem zuteil, der sich strikt an diesen Ehrenkodes hält. Getreu dem Motto dieses sizilianischen Sprichwortes: „Wer taub, blind und stumm ist, lebt hundert Jahre in Frieden." Der Schweigekodex, der insbesondere der Polizei gegenüber gilt, ist die wohl wichtigste Regel aller kriminellen Gruppierungen, wie auch der Mafia.

Wenn man zu viel weiß, kann das durchaus auch mal lebensgefährlich werden. Was für die Mitglieder der Mafia gilt, die sogenannte „Omertà", gilt auch für das Kölsche Milieu. Keiner wird verpfiffen. Wir machen niemals Geschäfte mit der Polizei. Und dies „niemals" sollte man hier unterstrichen lesen. Dieses Gebot zu brechen, ist im Milieu eine Todsünde. Der Verrat wird geächtet. So berichtet Abels Män: „Außerdem verpfiff man niemanden bei der Polizei und man rief sie auch nicht um Hilfe, wenn es mal Stress gab". Und auch wenn es konkurrierende Banden im Milieu gibt, herrscht diese verschwiegene Loyalität untereinander. Auch heute noch. Von weitaus größerer Brisanz als für die Männer des Milieus ist dieser Schweige-Kodex für die Prostituierten. Würde eine sich hilfesuchend an die Polizei wenden, wäre sie eine Verräterin.

Einmal drin, immer drin.

Wer sich ehrenvoll an den Kodex hält, ist sich der Unterstützung des Milieus sicher. Wer das Milieu hinter sich lassen will, dabei weiter dem Kodex treu bleibt, kann durchaus in ein Dilemma geraten, wenn er in die Fänge der Polizei gerät. Denn der Kriminelle gilt für die Justiz erst dann als geläutert, wenn er seine Informationen aus dem Milieu preisgibt. Tut er es, macht er sich das Milieu zum Feind. Tut er es nicht, hat er es schwer, den Weg in das normale, zivile Leben zu gehen.

Verpfeifst Du Deine alten Freunde, bist Du dran. Verpfeifst Du sie nicht, bist Du auch dran. Zudem kann einen Aussteiger immer wieder die Vergangenheit einholen. Wenn es gilt alte Schulden zu begleichen, wenn die Loyalität des Milieus wieder eingefordert wird.

Es wird verpfiffen.

Manchmal bietet sich im Milieu ein ernüchterndes Bild. Und eine Gaunerkultur tritt zutage, die selbst untereinander wenig Solidarität kennt. Glaubt man Joseph Menth, hält sich „Schäfers Nas" nicht immer an den Kodex, klüngelte mit der Polizei. Verspricht sich davon Vorteile. „Der kam dann zu uns und sagte:

„Hür ens, du musst ens bei dem im Kofferraum luure, der hät da drei Radios drin." Auch dem „Langen Tünn" wirft er vor, nicht verschweigen gewesen zu sein. „Das war ein Zinker. Der hat andere bei der Polizei verpfiffen und gesagt, wie viel Geld beim Glücksspiel in dieser oder jener Kneipe über den Tisch gegangen ist".

SCHULDEN SIND EHRENSCHULDEN

Bezahlmoral.

Wenn die französischen Soldaten in den Kölner Wirtshäusern ausgehen, vergessen sie nicht selten ihre Zeche zu bezahlen. Oder sie machen sich einfach klammheimlich davon. In Anlehnung an diese Zeit sagt man noch heute, wenn jemand sich grußlos verabschiedet: „Sich op französisch verdrücke".

Wenn die Männer des Milieus unterwegs sind, von Kneipe zu Kneipe, von Disco zu Disco ziehen, verlieren sie auch mal den Überblick. Kein Wunder, denn sie zechen, dass sich die Balken biegen. Bier, Whiskey und Schnaps fließen in Strömen. Aber anders als bei den Französischen Besatzern, legen die Kölner Luden eine Bezahlmoral an den Tag.

Für sie ist es Ehrensache, nach ihren rauschhaften Nächten, ihre Zeche dann nachträglich zu bezahlen. So berichtet „Abels Män": „Am nächsten Tag bin ich dann in alle Kneipen gegangen und hab gefragt, ob ich auch alles bezahlt habe". Schulden zu begleichen, das gilt als Ehrensache im Kölschen Milieu. Und gehört zum Ehrenkodex. Und natürlich wird auch gezockt im Milieu. Und auch da gilt: Wettschulden sind Ehrenschulden. Und die werden zügig beglichen.

VOLLE PULLE: DIE KIRCHE UND DAS KOMASAUFEN

„Wenn mir Kölsche singe,
singk selvs d'r Herrjott met un met
däm Düvel öm de Wett"
Bläck Fööss

Die Kirche und das Komasaufen.

Alkohol macht die Birne hohl. 2007 wird in Österreich „Komasaufen" zum Unwort des Jahres gewählt. In Köln blickt das Kampftrinken auf eine längere Tradition zurück. Und wie soll es anders sein. Auch hier hat die Kirche ihre Finger im Spiel. Folgende Legende stammt aus einer Zeit, als die Erzbischöfe in Köln noch das Sagen haben. Und viele Kölner Brauereien in Kirchlichem Besitz sind.

Einer der Erzbischöfe sieht die Chance, eine weitere Einnahmequelle für die Kirche aufzutun. Seine Idee: Er will das Altbier in Köln populär machen. Und dazu soll eine Altbier-Brauerei in Köln eröffnet werden. Das passt den Kölsch-Brauern überhaupt nicht. Sie streiken. Der Erzbischof lässt aber nicht ab von seiner Idee. Er macht den Kölsch-Brauern einen Vorschlag: Ein Wett-Trinken soll entscheiden. Der beste Altbier-Trinker soll gegen den besten Kölsch-Trinker antreten. Gewinnt der Altbiertrinker, kommt das Altbier nach Köln. Gewinnt der Kölsch-Trinker, bleibt alles wie es ist. Und das Altbier in Düsseldorf.

Die Düsseldorfer haben schnell einen berüchtigten Säufer am Start. Bei den Kölner geht es nicht so schnell. Es findet sich kein Kölner, der diese Verantwortung übernehmen will. Dann meldet sich doch jemand, ein kleiner, drahtiger Brauerei-Geselle namens Jakob Fischer.

Der Tag der Entscheidung kommt: Jakob nimmt einen Schluck frisch gepresstes Olivenöl und los geht's. Die beiden Wett-Trinker

leeren ein Glas nach dem anderen. Beim Bier Nummer 40 fällt
der Düsseldorfer von der Bank. Jakob gewinnt also das Duell.
Und trinkt noch ein Kölsch auf seinen Sieg.

Dieser Wettbewerb, im Auftrag und mit dem Segen der Katholischen Kirche, gilt einigen Stadt-Historikern als Grund, dass
zu Ehren und zum Gedenken an diesen Sieg, noch heute jeder
Kölsche Kellner Jakob, also „Köbes" genannt wird.

Ex und hopp.

Lauscht man den alten Geschichten, dann ist schnell klar:
Es wird verdammt viel getrunken in diesen Zeiten. Ausnahmen
gibt es da nur wenige.
„Schäfers Nas" und der „Lange Tünn", zwei Milieu-Gene-
rationen, eine Gemeinsamkeit. Sie trinken beide keinen Alkohol. „Schäfers Nas" wohl nur ganz selten. Der „Lange Tünn"
gar nicht. Für das Milieu ist das ungewöhnlich. Das Bier fließt
eigentlich immer in Strömen. Doch beim Bier bleibt es oft nicht.
Die Modegetränke: Whiskey, Ginger Ale, Cherry Lady, Wodka
Kival, Asbach, Johnny Walker und Wodka. Abels Män trinkt auch
mal drei Flaschen Wodka in einer Nacht.

Schnaps statt Wein.

Willy Millowitsch gehört zu Köln wie der Dom zu Köln gehört.
Wilhelm Peter Millowitsch, wie er in ganz Länge hieß, ist ein
Kölner Urgestein und verkörpert wohl wie kein anderer den rheinischen Frohsinn. Er war Schauspieler, Sänger, Regisseur und
Leiter des Volkstheaters Millowitsch.
Über viele Jahrzehnte prägt er die Kölner Musikszene mit Lie-
dern, die weitaus mehr sind als karnevalistische Schlager. Bis
heute ist das Lied „Ich bin ene kölsche Jung" von Fritz Weber
mit seinem Namen verbunden. Sein größter Hit der 60er Jahre
„Schnaps, das war sein letztes Wort" war mit 900.000 verkauf-
ten Schallplatten sein finanziell größter Erfolg.

Auch wenn der Weinanbau und Weinhandel in Köln zurückblickt auf eine lange Geschichte. Zu einem Volksgetränk ist der Wein in Köln nie geworden. Neben ihrem Kölsch trinken die Kölner lieber mal einen Korn. Die Blütezeit ist das 12. Jahrhundert und das 17. Jahrhundert. Der Weinexport geht in die Niederlande, England und in den gesamten Ostseeraum. Der typische Weintrinker zählt zur städtischen Elite.

Eine typisch Kölsche Anekdote bringt es auf den Punkt. Gelegentlich gehen Tünnes und Schäl über die Felder vor der Stadt spazieren. Mit theatralischer Geste und philosophischem Pathos klärt der Schäl seinen Freund über die Kölner Trinktradition auf: „Siehste Schäl, dat sin die Reben des armen Mannes!".

Oh Johnny.

Heute fließt der Alkohol in Strömen. Ein Dutzend Milieu-Männer sitzen in der Stadionklause. Sie haben zuvor einen Kickbox-Kampf besucht. Aus den Boxen der Kneipe tönt gerade: „Schnaps das war sein letztes Wort", „Schnaps, das war sein letztes Wort, dann trugen ihn die Englein fort, Schnaps das war sein letztes Wort, dann trugen ihn die Englein fort".

Millowitschs Gesang jedenfalls bringt den „Dicken Johnny" auf eine Idee. Keine sonderlich gute. Lauthals verkündet er in die fröhliche Runde, dass er es hinkriegt, eine Flasche Schnaps auf ex zu trinken. Trinkvergnügen geht anders. Das Gelächter in der Runde macht Johnny nur noch motivierter. Wetten gehen um. Johnnys Wettprämie: Es geht um sage und schreibe: 10 DM.

Kurzum. Johnny stellt sich hin. Setzt die Flasche erst wieder ab, als sie leer ist. Dann kippt er um. War es Langeweile? Wollte er seine Grenzen austesten? Ging es um Anerkennung oder Ehre? Johnny weiß es nicht mehr. Wie er es dann am nächsten Tag aus dem Bett geschafft auch nicht. Vieles hat er vergessen. Den Wetteinsatz, den er sich redlich verdient hat, aber nicht. Er geht zu Wirt der Stadionklause, um sich den Wetteinsatz abzuholen. „Jetzt bist Du mir nur noch 140 Mark schuldig", sagt er grinsend.

150 DM. Der stolze Preis für eine Flasche Schnaps in der Stadionklause.

LASS DIE FRAU IN RUHE

Diese Kodex-Regel betrifft den respektvollen Umgang miteinander. Und mahnt die Milieu-Mitglieder, ihre Lust unter Kontrolle zu halten. Sie ruft auf zur Mäßigung, mit biblischem Unterton, der an das Zehnte Gebot erinnert: „Du sollst nicht begehren deines Nächsten Weib". Lass die Finger von den Frauen Deiner Milieufreunde. Untereinander sollte man sich respektieren. Dazu gehört auch. die Frauen seiner Freunde in Ruhe zu lassen. Der „Dicke Johnny" ist über viele Jahrzehnte der beste Freund von „Schäfers Nas". Nach Schäfers Tod offenbart er seiner Witwe seine Liebe. Ihre Antwort: „Du kennst die Miljö-Gesetze, ich kann das nicht". Der Ehrenkodex gilt auch für Frauen im Milieu.

Schlagfertig.

Der respektvolle Umgang Frauen gegenüber hat im Milieu durchaus seine Grenzen. Im Kölschen Milieu gibt es nicht nur Loverboys, so wie viele Frauen von „Abels Män" berichten. Die Empathie, sei sie noch so verlogen, die „Abels Män" den Frauen entgegenbringt, ist Heinrich Schäfer völlig fremd.

„Schäfers Nas" ist misstrauisch gegenüber Frauen. Seine Witwe nimmt kein Blatt vor den Mund. Sie beschreibt ihn als Frauenhasser. Sein kaputtes Verhältnis zu Frauen führt sie zurück auf die strenge Erziehung seines Vaters. Und darauf, dass seine Mutter die Familie für einen anderen Mann verlässt.

Wie er mit seinen Dirnen umgeht, ist nicht belegbar. Dass er neben gewalttätigen Auseinandersetzungen mit Männern auf den Kölner Straßen aber auch nicht vor häuslicher Gewalt zurückschreckt, gibt seine Witwe unumwunden zu.

Um Schäfers Schlägen zu entgehen, flieht sie einmal aus der gemeinsamen Wohnung. Sie findet Unterschlupf bei einer Bekannten auf einem Hausboot. Um nicht erkannt zu werden, trägt sie eine Perücke. Später kommen sie aber wieder zusammen. Denn „Schäfers Nas" gelobt Besserung, als seine Frau ihm droht, ihn zu verlassen.

LIEBE NUR AUF HOCHDEUTSCH

„Dann ich ben nur 'ne Kölsche Jung
Un mi Hätz, dat litt mr op d'r Zung"

Brings

Die Liebe im Milieu.

Die erste Frau von „Abels Män" stirbt an Nierenversagen. Seine zweite Frau wird erdrosselt. Seine dritte Frau bringt sich um. Die konservative Seite, das traditionelle Ehe- und Familienleben, ist im Milieu präsent. Viele Luden sind verheiratet. Mit der ehemaligen Gastwirtin Ruth ist Anton Dumm über 25 Jahre liiert und von 1998 bis zu ihrem Tod im Jahr 2009 verheiratet. Schäfers Nas ist mit Margot verheiratet. Sein Heiratsantrag fällt wenig romantisch aus: „Irgendwann stand er vor mir, guckte böse und sagte: „Mach mir 'nen Kaffee". Er trank ihn, und sagte: „Ich hab' überlegt: Wir heiraten".

Als der Lude „Hermanns Tünn" heiratet, laufen ihm die Dirnen davon. „Ein verliebter Stänz ist ein toter Stänz", seufzt er. Die Liebe steht dem Geschäft im Weg. Vielen Männern im Milieu mangelt es offensichtlich an Gefühlen. Der Gefühlshaushalt der Gaunerwelt ist sehr reduziert. Und sie wissen das. So kaschieren sie ihre Herzlosigkeit gerne mal mit billiger Rührseligkeit. Die Liebe und das Milieu, das passt einfach nicht zusammen.

Typisch Kölsch: Gefühlvoll und lieblos.

Aber strenggenommen, hat der Kölner per se ein nicht ganz unkompliziertes Verhältnis zur Liebe. Und damit seine Liebe auszudrücken. Eigentlich ist der Kölner nicht auf den Mund gefallen. Er gilt als besonders redselig, vorlaut und gefühlvoll. Er trägt sein Herz auf der Zunge. Aber mit der Liebe tun sich die Kölner schwer. „Ich liebe dich" kommt im Kölschen Dialekt nicht vor. Drückt der Kölner seine höchsten Gefühle aus, klingt das meist so: „Isch han disch jään".

Einmal liegt es an der typischen Eigenart der Kölschen Sprache. Denn abstrakte Worte kommen kaum in ihr vor. Das Wesen des Kölsch besteht eher aus bilderreichen und bodenständigen Beschreibungen.

Ein Beispiel dafür: „Ich han dich zum fresse jän". Im späten Mittelalter war „Levde" einmal das Kölsche Wort für Liebe. Das Wort ging mit der Zeit unter, nur die wenigsten Kölner wissen überhaupt von seiner ehemaligen Existenz. Im Alltag taucht es nicht mehr auf.

Die Kölsche Sprache ist voller Bilder und auch voller Herz. Lauscht man den klassischen Kölschen Liebesliedern, dann findet man vieles Vergnügliches rund um die Liebe, aber pathetisch sind die allerwenigsten und schnulzig schon mal gar nicht. Sie sind auch deshalb so ganz anders als der gemeine deutsche Schlager.

Ich ben ne Räuber.

Ein liebevolles und zugleich ernüchterndes Beispiel dafür ist der Song „Ich ben ne Räuber" von den Höhnern: „Ich ben ne Räuber, leev Mariellche, ich bin ne Räuber, durch und durch, Ich kann nit treu sinn, läv in d'r Daach rin, ich ben ne Räuber, mach m'r kein Sorch".

In diesem Schunkelklassiker aus dem Jahre 1983 geht es um „Pitter", einem selbstgenannten Kölschen Lebenskünstler, der sich von keiner Frau die Freiheit nehmen lassen will. Er nimmt unbedacht und ungeniert mit, was er kriegen kann. Zu seiner eigenen Überraschung verliebt er sich dann aber doch. Und in dem Fall passiert ihm genau das, was bislang seinen Affären passiert ist.

Die Frau, in die er sich verliebt hat, lässt nun ihn sitzen.

Sie ist ein Schlawiner so wie er. Der Psychologe Stephan Grünewald hat tief in die Kölsche Seele geschaut. Zum Thema Liebeserklärung hat er noch eine weitere psychologische Deutung. „Mit so einem so endgültigen Bekenntnis hat der Kölner es schwer. Sie lieben das Flirtspiel: Bützen ja, aber bitte nicht festlegen! Lieber gekonnt alles offenhalten".

Wenn die „Höhner" singen: „Blootwoosch, Kölsch un e lecker Mädche, dat bruch ene Kölsche öm jlöcklich ze sin", bringen sie die Kölschen Prioritäten auf den Punkt.

Erst das Vergnügen, dann die Liebe.

DAS MILIEU UND DIE MORAL

„Das Unglück ist, dass jeder denkt,
der andere ist wie er, und dabei übersieht,
dass es auch anständige Menschen gibt"
Heinrich Zille

Ganovenehre: Und es gibt sie doch.

Wir haben nun den Ehrenkodex des Kölschen Milieus kennen gelernt: „Mit Fäusten und ohne Waffen", „Schulden sind Ehrenschulden", „Lass die Frau in Ruhe" und „Es wird nicht verpfiffen". Und auch erfahren, dass ihn nicht jeder so eng genommen hat. Und ich habe etliche Beispiele auftreiben können, die genau das belegen.

Wir wissen jetzt ein wenig mehr. Die ganze Wahrheit kenne ich nicht. Ich habe viele Geschichten gehört. Einige davon sind Einzelfälle, andere typisch für die Zeit von damals. Die Mitglieder des Milieus sind eher arm an Reflexion, wenn es zu beschreiben gilt. Mein Blick ist nun auf jeden Fall differenzierter.

Es ist strenggenommen schon verfälschend, überhaupt über „das" Milieu zu sprechen. Zu verschieden sind die Männer. Heilige sind sie alle nicht, Sünder sind sie alle. Manche von ihnen eher kleine, unter ihnen ab er auch manch großer. Viele waren moralisch verkommen, ohne jede menschliche Empathie und gewalttätig. Ihre Psychogramme sind gezeichnet dadurch, dass sie kaum Schuld und Sühne kennen.

Die Palette der Strafregister des Milieus gehen von Zuhälterei, Hehlerei und Sachbeschädigung über Drogenhandel bis hin zur Vergewaltigung. Viele waren für große Straftaten weniger anfällig.

Das Milieu und seine Struktur.

Das Wesen des Kölschen Milieus ist ein locker gefügtes Netzwerk. Der „Tünn" schildert die Zustände so: „In Hamburg gab es eine richtige Hierarchie. Hier in Köln aber war jeder Zuhälter dem anderen sein Teufel. Keiner gönnte dem anderen was. Der Nachwuchs fehlte. Deshalb konnten sich auch später die Ausländer breit machen." Sowas wie ein Massenschicksal gibt es im Milieu nicht. Und doch versuche ich nun ein großes Muster zu finden. Wie aus soziologischer Sicht das Milieu beschrieben werden kann, an diesen Versuch möchte ich mich nun wagen. Ich bin jetzt mal für eine steile These gut. Auch wenn es im Kölschen Milieu keine echten Hierarchien gibt, gibt es eine gewissen Struktur, die eine Art 3-Klassen-Gesellschaft ist. Und die sieht so aus:

Die erste Klasse.

Dazu zählen die wenigsten. Die Milieu Mitglieder dieser Klasse sind höchst privilegiert, genießen Prestige, sie sind steinreich, haben wirtschaftliche Macht und Besitz. Sie umgibt eine prächtige Gangster-Aura.

So wie „Schäfers Nas", der „Dumme Tünn" und auch „Chappi". In Gangster-Kreisen redet man respektvoll über diese Typen. Jeder weiß, sie sind alles andere als einfache Kriminelle. Ihre Alles-oder-Nichts-Einstellung, ihre zum Teil spektakuläres Treiben, gibt ihnen Legenden-Status, wie sie sonst nur Hollywood Gangster genießen.

Wer so hoch aufgestiegen ist wie die Männer, hat es nicht mehr nötig selbst Gewalt anzuwenden. Sie stehen an der Spitze des Milieus. Sie bestimmen die Melodie, nach der die anderen tanzen. Andere übernehmen die dreckige Seite des Geschäfts. Sie kennen das Gesetz und seine Lücken.

Allein ihre Drohgebärde reicht oft aus, um ihre Ziele durchzusetzen. Je höher in der Hierarchie, desto gefälliger der

Augenschein, desto verdeckter die Brutalität, Gier, Niedertracht und Korruption. Die kleinen Ganoven, ihre Lakaien sind geächtet. Sie, die große Ganoven, genießen den Ruf von Ehrenmännern.

Die dritte Klasse.

Das sind die Rabauken, die aufsteigen wollen im Milieu. Und dafür machen sie die Schmutzarbeit. Oft sind es sehr einfache, skrupellose Charaktere, die vor Gewalt nicht zurückschrecken. Skrupel gilt unter ihnen als Schwäche, Brutalität sorgt für Bewunderung. Was sich oben Macht nennt, heißt bei ihnen unten Gewalt. Unten es geht es oft blutig zu. Man bekommt manchmal den Eindruck, dass ein aggressiver Hochmut in ihnen brodelt, der nicht einmal vor ihrer eigenen Selbstvernichtung zurückschreckt.

Die zweite Klasse.

Das Mittlere Management, die Mittelklasse, geht noch seinen Berufen nach, gehört zum Kleinbürgertum. Insbesondere diese Typen versuchen immer, nahtlos mit dem Establishment zu verschmelzen. Oft ein schwieriger Spagat zwischen Milieu und Familie. Zwischen Kriminalität und Seriosität.

Für sie war und ist Ganove ein Ehrentitel, der auch mit Werten verbunden ist. Sie sind Leute vom Fach, sie haben Ansprüche und die meisten haben eine gewisse Klasse. Der Ehrenkodex zählt für sie heute noch. Es herrscht noch immer eine solidarische Verschwiegenheit. Und es ist nicht immer einfach, in diesem Sumpf aus Sex, Suff und dem schnellen Geld den Kopf oben zu behalten und das Herz am rechten Fleck zu lassen. Ganovenehre ist für sie alles andere als Schnee von gestern. Die besseren bergen immer auch ein Museum der Utopien, an Haltung, Geist, Wertschätzung dessen, was wir für menschlich erachten.

DIE SPRACHE DER GAUNER

WIE ICH INS MILIEU GERATE.

Fun Loving Criminals.

(2016) Die Stimmung ist prächtig. Es knistert förmlich im Kinosaal des Filmforums im Museum Ludwig. Gespannt warten die geladenen Gäste auf die Uraufführung von „Wir waren das Miljö". Von den rund zweihundert Zuschauern ragen zwanzig heraus: Trainingsanzüge, Ballonseide, Tattoos. Auch hier will das Milieu erkannt werden. Der Film läuft. Und so lerne ich die Typen aus der Kölner Halbwelt auf und über die Leinwand kennen, während sie nur unweit von mir kichern, lachen, johlen und mit zotigen Zwischenrufen auf sich aufmerksam machen.

Dabei sind auch: „Abels Män", „Hermanns Tünn", „Schmidte Udo", der „Lange Tünn" und der „Dicke Johnny". Eines haben sie offensichtlich gemeinsam: Benehmen können sie sich alle nicht. Spaß haben sie gewaltig. Nach der Aufführung gibt es im Museum Ludwig eine After-Show-Party. Zufällig bekomme ich mit, das Milieu sucht sich einen anderen Ort zum Feiern. Und ich gehe einfach mit. Im „Grünen Eck", an der Ecke Friesenwall/ Palmstraße, steigt die Party.

Ein kurzer Weg von der Fiktion in die Realität.

Hier feiert sich das Milieu also selbst. Der Chef persönlich macht heute die Theke, Roger Wittlers, der vor ein paar Jahren ein Buch über seine Bordell-Erfahrungen im Pascha geschrieben hat.

Dort war er mal Wirtschafter. Das Kölsch geht schnell über die Theke. Ich trinke einfach mal mit. Irgendwann stehen wir alle zusammen. Einer erzählt einen Witz. Die Runde kommt aus dem Lachen nicht mehr raus, nur ich habe die Pointe nicht verstanden. Kölsche Milieusprache eben.

Blöd, wie ich bin, frage ich nach. Viele Augen schauen mich

an und es wird etwas stiller. Es ist klar, ich gehöre nicht dazu. Neben mir steht ein kleiner, dicker Typ. Mit freundlichen Augen. Er schaut mich lächelnd an, sagt dann in die Runde: „Der gehört zu mir". Die Party geht weiter. Ich bin mit dabei. Und plötzlich gehöre ich dazu. Irgendwie.

> *„Sag ens Blotwoosch, ich garranteeren der,*
> *wer nit richtig Blotwoosch sage kann,*
> *dat es ne Imi, ne Imi, ne Imi,*
> *ne imitierte Kölsche ganz gewess"*
> *Gerd Jussenhoven, Sag ens Blotwoosch*

Für den „Dicken Johnny", den mit kleinen freundlichen Augen, ist es nicht die Rede wert, mir aus der Patsche geholfen zu haben. So lerne ich also den „Dicken Johnny" kennen, in meinem ersten Gespräch mit einem aus dem Milieu. Später erfahre ich, dass er mal Türsteher im Pascha war. Und er sollte mein Türöffner ins Kölsche Milieu werden.

„Imi".

Als ob „Dicker Johnny" nicht schon Spitzname genug ist, erfahre ich von ihm, dass sie ihn im Milieu auch „John Wayne ohne Bein" nennen. Ich rede ihn weiter mit „Dicker Johnny" an, das erscheint mir weniger despektierlich.

Wir reden über Gott und die Welt. Übers Milieu, über Fußball und das Kölsche Essen. Er nennt mich während der Unterhaltung öfters „Imi". Wie er darauf kommt, dass ich ein „Imi" sei, frage ich ihn. Im Gespräch muss ich wohl mal das Wort Blutwurst gesagt haben. Das hat ihn dann vollkommen davon überzeugt, dass ich kein Kölner bin. Ob ich jedoch ein Kölscher Jung bin, so Johnny, darüber könne er noch nichts sagen. Dafür muss man sich länger kennen.

Die Kölner mögen mir verzeihen, dass ich diese Kölner Selbstverständlichkeit kurz erkläre. Ich bin ein Junge aus dem Pott.

Aus dem Ruhrgebiet, da komme ich her. Oder besser: Da komme ich weg. Bin also zugezogen, zugereist und nur ein Imitierter aus der Sicht von Johnny: „Enne imiteete Kölsche".

Beleidigend jedenfalls fühlt es sich nicht an, wenn Johnny das über mich behauptet. Wie man denn den „Imi-Status" loswerden kann, frage ich ihn. „Manche sagen nach elf, andere nach 20 Jahren. Streng genommen erst ab der 3. Generation", lacht Johnny. Aber streng ist in Köln ja keiner, im „Grünen Eck" heute auch nicht. Und der „Dicke Johnny", der mal ganz und gar nicht.

„Er es ne Kölsche Jung. Wat willste maache?"

Übrigens: Waschechte Kölner, also Kölner, die in Köln geboren sind, davon gibt es weniger als man denken mag. Genau genommen, gibt es sogar mehr „Imis" in Köln als Kölner. Die „Imi"-Dichte in Köln liegt bei sage und schreibe 55 Prozent. Mehr als die Hälfte aller Domstädter haben also einen anderen Geburtsort als Köln.

Die meisten „Imis" haben in ihrem Geburtsschein „Bergisch Gladbach" als Geburtsort stehen. Einer von ihnen: Lukas Podolski. „Poldi", der Vorzeige-Kölner, ist ein Bergisch Gladbacher und Polnisch Stämmiger, geboren in Gleiwitz.

Später, viel später am Abend erfahre ich dann, dass der „Dicke Johnny" in Tatabánya zur Welt kam, also in Ungarn. Poldi und Johnny. Keine echten Kölner, aber echte Kölsche Jungs. Der „Kölsche Stammbaum" ist multikulti, zeitlos und international. Wunderschön und anschaulich wird dieser „Kölsche Stammbaum" von den „Bläck Fööss" in ihrem gleichnamigen Lied beschrieben.

Mittendrin statt nur dabei.

Der Faux Pax, der mir im „Grünen Eck" passiert ist, sollte mir nicht noch mal passieren. Deswegen habe ich mich auf die Hinterbeine gestellt. Und habe versucht, mich der Sprache der Luden zu nähern. Natürlich sprechen sie Kölsch. Aber dieses

Kölsch ist noch garniert mit einer Prise Milieu. Mit Begriffen, die es nur im Milieu gibt, mit einem speziellen Regelwerk, das nur im Milieu gilt. Es ist eine Sprachwelt für sich. Auch wenn ich plötzlich irgendwie dazu gehöre, richtig dazu gehöre ich natürlich nicht. Und ich habe auch nie versucht so zu tun, als ob es so wäre. Theoretisch habe ich die Sprache gelernt, praktisch gesprochen habe ich sie nie. Es ist doch einfach nur furchtbar peinlich, wenn sich ein Zugezogener im gelernten Dialekt anbiedert.

Für alle, die der Gaunersprache ein wenig auf die Schliche kommen wollen, ist das folgende Kapitel gewidmet.

DER LUDEN-DUDEN

„Op d'r Stross han ich ming Sprooch jeliehrt
Und jedes Wort wie tättowiert op minger Zung
Ich ben ne Kölsche Jung"
Brings

Es gibt 80 Großstädte in Deutschland. Nur vier davon haben mehr als eine Million Einwohner. Köln ist eine davon. Die Stadt hat viele Facetten und Eigenarten, die sie einmalig macht. Eine davon ist der Kölsche Dialekt.

Böse Zungen behaupten, Kölsch klinge so, als hätten sich betrunkene Kinder diesen Dialekt ausgedacht. Mag sein, dass es in manchen Ohren komisch klingt. Aber die Kölsche Sprache hat eine einzigartige Seele. Und es lohnt sich, darin einzutauchen.

Kölsch, die Gossensprache.

Bis zum Ende des 19. Jahrhunderts wird in Köln weitgehend Kölsch gesprochen. Dann nimmt der Einfluss des Hochdeutschen stetig zu. Mitte der 60er Jahre ist der Ruf des Kölschen endgültig im Keller. Kölsch gilt als Gossensprache. „Sprich anständig", mahnen die Eltern, „und anständig ist Hochdeutsch".

Kölsch ist die Sprache der Arbeiter. In bürgerlichen Kreisen gilt es als grob und ist verpönt. „Zu meinen Gymnasiums-Zeiten in den sechziger Jahren galt ‚rheinisch' als unfein. Die leicht elitären Mitschüler und Söhne vermögender Eltern aus der ganzen Republik sprachen Hochdeutsch und ein rheinischer wurde da aufgrund seines Dialekts eher etwas abschätzig betrachtet", so erinnert sich ein ehemaliger Abiturient.

Typisch Kölsch – gleich und doch verschieden.

Im Kölschen Milieu ist vieles ganz anders. Es herrschen eigene Gesetze. Auch in der Sprache des Milieus. Es gibt ganz spezielle, ganz eigene Begriffe. Manchmal tauchen auch gemeinhin bekannte Begriffe auf, die im Milieu umgedeutet werden. Dieses Phänomen der Doppeldeutigkeiten gibt es nicht nur im Kölner Milieu, das ist auch ganz typisch Kölsch und mittlerweile auch weit bekannt über die Stadtgrenzen Kölns hinaus. Wir wollen uns ein paar dieser Besonderheiten noch einmal kurz vor Augen führen.

Wer in Köln einen „Halve Hahn", also einen „Halben Hahn" bestellt, bekommt kein knuspriges Hähnchen serviert, sondern mittelalten Gouda-Käse, dazu ein Brötchen mit Butter, saure Gurke und Senf.

Ist in Köln von einer „Jungfrau" die Rede, geht es selten um eine noch unberührte Frau, sondern sicherlich um einen Mann, der während der närrischen Tage neben Frauenkleidung auch noch eine Krone auf dem Kopf trägt.

Redet ein Kölner über „Die verbotene Stadt", denkt er nicht an den Kaiserpalast im Zentrum Pekings am anderen Ende der Welt, sondern ans nachbarliche Düsseldorf.

Für Restdeutschland ist Köln eine Stadt in NRW. Ein Kölner wird diese Tatsache so nicht stehen lassen, denn für ihn ist Köln zuallererst ein „Jeföhl", ein Gefühl. Das zählt mehr als alle Fakten.

Ein „Jung" kann man hier sein, obwohl man schon sehr alt ist. Als Willy Millowitsch, der Inbegriff rheinischer Frohnatur, mit 90 Jahren stirbt, läuft bei seiner Beerdigung als Requiem: „Kölsche Jung". Ein „Kölsche Jung" zu sein, das ist die höchste Auszeichnung, die man in Köln kriegen kann. Das zählt mehr als Doktortitel, Fußballweltmeister und Papst zusammen.

Kölsch heute.
Mehr gesungen als gesprochen.

Heutzutage ist Kölsch beliebter denn je. Auch über die Stadtgrenzen hinaus. Dass hat sicherlich auch mit der in Köln ansässigen Medienszene zu tun. Mit den Kölsch sprechenden Comedians, den Fernsehübertragungen vom Karneval bekannten Millowitsch-Theater.

Neben den traditionellen Kölner Bands wie die „Bläck Fööss" oder „BAP" haben moderne Kölsch singende Bands wie die „Brings", „Cat Ballou", „Kasalla" oder „Querbeat" die Beliebtheit des Dialekts gesteigert". Zwei typisch Kölsche Wörter haben es sogar geschafft, in das Hochdeutsche einzuziehen: Das „Knöllchen" und der „Flachmann". Zwei Worte, die Falschparkern und Schnapsliebhabern sicherlich bekannt vorkommen.

TYPISCHE MILIEU BEGRIFFE

Hier eine Auswahl der typischen, Kölschen Milieu-Begriffe, die mir am häufigsten bei Treffen in großer Runde und auch bei persönlichen Gesprächen begegnet sind.

„SCHMIER"

„Schmier" hört sich an wie Schmiere oder Dreck. Es klingt abschätzig. Und wird vom Milieu auch abschätzig benutzt, wenn es um die Polizei geht. Und mit der steht das Milieu auf Kriegsfuß. Mit der „Schmier" wollen sie möglichst nichts zu tun haben. Im Gegensatz zum Milieu sprechen die Kölner meist liebevoll „von dä Schmier". Selbst viele Kölner Polizisten sagen mit stolzer Brust, dass sie von der „Schmier" sind. Historisch gesehen, ist das auch völlig legitim. Denn das Wort hat ursprünglich keinerlei negative Bedeutung. Es stammt aus dem Hebräischen und steht für: „Wache", „Bewachung".

„STÄNZ"

„Stänz", so nennen die Kölner ihre Zuhälter. Also die berüchtigten Männer, die sich oft eine Spur zu auffällig gekleidet, im Rotlichtmilieu bewegen. „Monaco Franze" gespielt von Helmut Fischer ist ein Stänz, wie er im (Dreh)-Buche steht.

Helmut Dietl, Regisseur der Serie, beschreibt ihn so: „Von etwas windiger Eleganz, der jeweils herrschenden Mode immer einen Schritt vorausstolzierend (...) Sein oberstes Ausstrahlungsziel ist es, „immer cool und lässig zu sein".

Der „Stänz" ist Dirnenverleiher und gleichzeitig ihr Beschützer. Er beschützt sie vor Freiern, die die Dirnen nicht anständig behandeln. Gleichzeitig hindert es manchen „Stänz" nicht daran, die Dirnen auszubeuten, die für ihn anschaffen gehen.

„STEHERIN"

Eine Steherin mischt richtig mit im Milieu. Wie Petra Schäfer, die Witwe von „Schäfers Nas". Sie weiß, dass er Geliebte hat. Sie erträgt es. Sie fühlt sich beschützt und schätzt die Verlässlichkeit ihres Mannes. Und nicht nur das: Petra Schäfer arbeitet als Wirtschafterin in den Bordellen ihres Mannes. Sie duldet also nicht nur seine Milieu-Machenschaften, sie unterstützt ihn tatkräftig dabei. Uli Porz, der lange Fahrer von "De Nas" war, berichtet: „Petra war eine Steherin vor dem Herrn."

„ZINKER"

Ursprünglich kommt der Begriff aus der Welt des Kartenspiels. Ein „Zinker" spielt mit manipulierten Karten. Im Milieu ist ein „Zinker" der gegen den Ehrendkodex der Verschwiegenheit verstößt. Jemand der andere an die Polizei verrät, ist ein Zinker, also ein Verräter. Es gibt nichts Schlimmeres. Egal, ob Freund oder Feind, im Milieu ist es eigentlich Ehrensache, niemals zu singen. Wer es doch tut, verliert jeden Respekt im Milieu. Auch im Gefängnis unter den Mitgefangenen.

Jupp Menth, Polizist mit Milieu-Erfahrung wie kein anderer, behauptet über den „Langen Tünn": „Das war ein Zinker. Der hat andere bei der Polizei verpfiffen und gesagt, wie viel Geld beim Glücksspiel in dieser oder jener Kneipe über den Tisch gegangen ist". Der „Lange Tünn" sieht das bestimmt ganz anders.

„DE DÜR MACHEN"

Hierbei handelt es sich nicht um eine Kölsche Diät, die das Ziel hat ganz besonders dünn zu werden. Sondern es handelt sich um den Job des Türstehers, der darüber entscheidet, wer reindarf und wer nicht. Türsteher sind Pförtner, gehören zum Wachpersonal. Sie machen eine augenscheinliche Zutrittskontrolle. Da, wo alle hinwollen, steht meistens einer, der aufpasst.

Petrus ist bekanntlich der Wächter der Himmelspforte, der Schlüssel zum Himmelreich. Er weist die Seelen der Verstorbenen ab oder gewährt ihnen Einlass. Petrus der erste Türsteher. Der Job hat also Tradition. Die späteren Milieu-Könige Heinrich Schäfer und Anton Dumm beginnen ihre „Karriere" als Türsteher. Wenn ein Türsteher rigoros ist, spricht man von einer harten Tür.

„ABSTAND"

Entschädigungszahlung für eine abtrünnige Prostituierte. Abstand ist der Geldbetrag, den ein Zuhälter an einen anderen Zuhälter als Ausgleichszahlung leisten muss, wenn eine seinem Geschäftskreislauf zuzurechnende Prostituierte zu einem anderen Zuhälter wechselt.
Heinrich Schäfer wird nachgesagt, diese Gepflogenheit im Kölner Milieu eingeführt zu haben.

„LAKAI"

Im Kölschen Milieu ist ein Lakai ein Handlanger einer Milieu-Größe. „Schäfers Nas" hatte einen „Lakai" namens Gerd. Und dieser Gerd überbrachte seinem Chef die legendäre Nachricht vom „Dummsen Tünn": „Sag deiner Nas, er kann antreten." Bis dahin sind sich die beiden Kontrahenten aus dem Weg gegangen.
20 Minuten später kommt es zum legendären Showdown. Konrad Adenauer war sehr dünnhäutig, wenn er als „Lakai" der Alliierten bezeichnet wurde. Er stellte dann Strafanzeige. Solche Strafanträge aus dem Kölner Milieu sind nicht bekannt.

„JUNG US EM LEVVE"

Jungs aus dem Leben, sind Kerle wie ein Baum. Die haut nichts um. Sie haben ein großes Herz. Und sind in Köln meist aus der kriminellen Szene oder mit Kontakt dazu. So wie der Boxer Peter Müller, „Die Aap", das Urvieh, der sich an keine Regeln hielt. Die Kölner haben ihm alle Eskapaden verziehen. Der „Underdog" Müller war einer von ihnen: Ne Jung uss dem Leeve.

„MÄDCHE US EM LEVVE"

Nutte, dieses abschätzende Wort für eine Prostituierte, sorgt sicherlich für einen feministischen Aufschrei. Im Milieu hört man es so gut wie nie. Der Begriff Nutte hat seinen Ursprung vermutlich aus dem Wort „Nut". Was so viel heißt wie „Spalt", „Fuge" oder „Ritze". Und für die weibliche Vagina steht. Die Luden nennen die Dirne „Mädchen aus dem Leben", manchmal auch „Trottoirschwalv", also Bordsteinschwalbe. Eine Frau, die einer normalen Beschäftigung nachgeht, bezeichnen die Luden als „Solide Frau".

SPRACHREGELN DES MILIEUS: ET ES, WIE ET ES.

„VERNIEDLICHEN"

Viele Namen der Milieu-Ganoven klingen niedlich, spitzbübisch. Verniedlichen, das liegt den Kölnern im Blut. Denken wir an ihre Fußball-Idole: Lukas Podolski ist ihr „Poldi", Harald Schumacher ihr „Toni" und ihr Box-Idol Peter Müller „Die Aap". Und diese liebenswürdige Angewohnheit macht auch keinen Halt vor dem Milieu.

Der „Klein Köln-Chef" Dieter Becker, für viele war er die erste Anlaufstelle ins Kölner Milieu, ein „Pfundskerl" im wahrsten Sinne des Wortes. Er war vieles, aber sicherlich nicht schlank. Sein Milieu Name: „Beckers Schmal".

Von Heinrich Schäfer oder Herrn Schäfer spricht in dieser Runde auch keiner. Man spricht von „Schäfers Nas" oder „De Nas". Klingt niedlich. War er aber nicht.

Die Kölner mögen es einfach, ursprünglich. Hänneschen statt Johannes. Das gibt vielen Dingen einen kindlichen Zauber. Auch den Dingen, die ihn nicht verdienen.

„UMDREHEN"

Im Milieu ist vieles verkehrt herum. Da wird aus vorne gerne auch mal hinten. So wie bei den Namen oft eine verkehrte Welt herrscht. Die Vornamen sind nicht vor den Nachnamen, wie es sich eigentlich gehört. Und die Nachnamen nicht hinter den Vornamen. Wie beim „Dummsen Tünn", der ja eigentlich Anton Dumm heißt. Oder bei „Abels Män". Der Vorname landet bei den Gaunern sehr häufig in der zweiten Reihe.

Die Familie oder die besondere Eigenschaft des Namenträgers, wie beim „Langen Tünn", scheint da wichtiger zu sein als der

Vorname und geht deshalb vor. Die adjektivische Sonderform vor dem Vornamen zu stellen, ist für Sprachexperten typisch Milieu. Den Nachnamen im Genetiv vor den Vornamen zu stellen auch. Und es ist typisch Altkölsch.

Ein weibliches Beispiel dafür: Katrin Meier, die besungen von den „Bläck Fööss" in dem Lied „Ming eedste Fründin" zu „Meiers Kättche" wird. Und dieses „Meiers Kättche" lenkt uns indirekt zu einem weiteren Prinzip, zu einer weiteren Grundregel der Kölschen Gossen- und Gaunersprache.

Das „Meiers Kättche" wohnt ja bekanntlich in der „Rhingjass". Auf dem Straßenschild steht aber „Rheingasse". Was ist denn da nun wieder los?

„AUSTAUSCHEN"

Die Kölsche Sprache ist ein „Jeschenk" vom lieben „Jott" singen die „Brings" in ihrem Lied „Ich ben ne Kölsche Jung". Statt Geschenk singen sie von einem „Jeschenk", statt Gott von „Jott". Das hochdeutsche „G"? Absolute Fehlanzeige. Nicht nur die „Brings" haben dem „G" den Krieg erklärt. Auch im Milieu genießt das „G" keinen guten Ruf. Es gilt als überflüssig.

Im „G"-Fall legen die Luden den „Artikel 6" des Kölschen Grundgesetz sehr konsequent aus: „Kenne mer nit, bruche mer nit, fott domet". Eine „Jrundrejel" der Stammtischrunden ist: Das hochdeutsche „G" „Jit et quasi nit". Das Motto ist: „J sticht G". Das „G" wird im Milieu zum „J".

Die Brinkgasse wird so zur „Brinkjass". Die Rheingasse zur Rhingjass. Wenn der „Frischse Pitter" davon spricht, dass er dem schwer verdienten Geld nicht den nötigen Respekt gezollt hat, klingt das so: „Ich han dat Jeld zum Teil behandelt, als wenn et Dreck jewäse wör."

Mein schönstes Erlebnis, was das fehlende „G" betrifft, fand in der Hubertusklause in Oberaußem statt. Ein altersmilder Stänz, dessen Name ich leider nicht nennen darf, spricht während des deftigen Abendessens von seiner altersbedingten Knochenkrankheit. Und deren Tücken. Deren damit verbundenen mobilen

Einschränkung. Das klingt so: „För Lück met ‚Jischt' is Nach-lufft ‚Jifft'!". Also: Für Menschen mit Gicht ist Nachtluft Gift!

Diese medizinische, zweifellos korrekte Aussage, ist natür-lich zudem ein gutes Argument, oder sagen wir: eine sehr steile Vorlage, dafür, die gemütliche Eckkneipe vorsichtshalber erst in den frühen Morgenstunden zu verlassen. Der Gicht wegen.

„WEGLASSEN"

Das Milieu tauscht aber nicht kurzerhand mal Buchstaben aus, wie das J, das zum G wird. Es lässt auch gerne mal den ein oder anderen Buchstaben sausen. Ohne „T" beispielsweise, so zeigt die Praxis, kommt man trotzdem ganz gut über die Runden. Hat jemand in der Runde Durst, und das kommt durchaus schon mal vor, spricht er von „Doosch", nicht von Durst. Er ignoriert das „T" einfach. Hätte ich bei dem vorangegangenen Beispiel „Für Menschen mit Gicht ist Nachtluft Gift" besser hingehört, dann wäre mir aufgefallen, dass es sich hier um ein seltenes Parade-beispiel besonderer Art handelt.

Es zeigt nicht nur die Kölsche Fantasie bei der Buchstaben-verwandlung („G" zu „J"), sondern gleichzeitig auch die kölsche „T"-Unterdrückung. Milieukorrekt lautet der Satz demnach natür-lich: „För Lück met Jisch is Nachluff Jiff!". Die echten Kölner mögen diese Nachlässigkeit bitte mir und meinem ungeübten und ungeschulten Ohr verzeihen.

„VEREINFACHEN"

One size fits all. Ein Wort passt für viele. Das „Dat" ist im Kölschen multifunktional. Dass alle anwesenden Milieu-Mit-glieder aus dem Rheinland stammen, ist bei den gemeinsamen Runden nicht zu überhören. Das Wörtchen „dat" macht das ganz schnell deutlich.

Zwei Kölsche Originale, Tünnes und Schäl, die beiden legen-dären Figuren aus dem Hänneschen-Puppentheater, gehören zu Köln wie Kölsch und Karneval. Die beiden verkörpern den kleinbürgerlichen Städter (Schäl) und den vom Land nach Köln zugezogenen Bauern (Tünnes). Und so betitelt man in Köln eine Person, die man für dumm hält, mit „Dat is ne Tünnes!". Statt „das", „dies", „welches" oder „dass" hört man an solchen Abenden einzig und allein das Kölsche „dat".

Verklausuliert im Hochdeutschen: Personalpronomen und personenbezogene oder demonstrativbenutzte Artikel reduzieren sich auf die männliche und die sächliche Form. Verstanden? Ich nicht. Ein Kölner Moral-Klassiker: „Darf dat dat?" – „Dat darf dat!" – „Dat dat dat darf!"

„GENDERFLEXIBEL"

Das Milieu und das Boxen. Das passt wie die Faust aufs Auge. Boxen, das ist ein archaischer, durch und durch ursprünglich, männlicher Sport. Auge um Auge, Zahn um Zahn. Und trotzdem kann ein Boxer auch mal weibliche Züge tragen. Zumindest im grammatikalischen Sinne.

Als es am Stammtisch mal wieder ums Boxen geht, fällt der Satz: „Die Aap hät singe Schwejavatta verkammesöhlt". Auf Hochdeutsch: „Der Affe hat seinen Schwiegervater verhauen".

Was lernen wir aus diesem Konflikt, der sich damals, glaubt man einem im „Grünen Eck" anwesenden Boxfan, innerhalb der Familie des Boxers Peter Müller abgespielt haben soll? Das grammatikalische Geschlecht im Kölschen entspricht nicht immer dem des Hochdeutschen.

Obwohl es dort „der" Mann, bzw. „der" Affe heißt, wird im Kölschen der weibliche Artikel genutzt, also „die" Aap. Um typisch Kölsch inkonsequent zu bleiben, bleibt im weiteren Verlauf der historisch nicht belegten Feststellung, das Geschlecht jedoch männlich.

Denn es heißt ja „singe Schwejevatte", also „sein Schwiegervater" und nicht „ihr Schwiegervater". Warum das so ist? Das konnte mir bislang keiner aus dem Milieu erklären. Die Luden und das Boxen: Ein Mann mit weiblichem Geschlecht.

„SACHLICH BLEIBEN"

„Dat Uschi jeht spazeere". Heißt: Bei aller Toleranz, die der rheinische Stänz an den Tag legt, die Emanzipation hat sich noch nicht durchgesetzt. Der weibliche Artikel „die" wird durch den sachlichen „dat" ersetzt. In der Kölschen Grammatik werden Frauen gerne mal zu Sachen reduziert. Und im Milieu sowieso.

„VON FALL ZU FALL"

Johnnys Halskette. Bei einer handgreiflichen Auseinandersetzung verliert Johnny seine Kette. Als er seine Anekdote dazu zum Besten gibt, fällt in der Runde dieser Satz: „Dä Halskett vum Dicken Johnny". Der Besitzstand von Johnnys 750er Goldkette wird also im Kölschen im Dativ erklärt, nicht im Genetiv wie im Hochdeutschen. Kölsch vereinfacht. Im Prinzip gibt es nur drei grammatikalische Fälle: Nominativ, Dativ, Akkusativ. Der Genitiv taucht höchst selten auf. Der Dativ ist dem Genetiv sein Tod. Der Genetiv ist Fremdland für den Kölner. Eine unbekannte, gar feindliche Zone. Dem Genetiv fehlt die typisch Kölsche Bodenständigkeit. Der Genetiv trägt die Nase einfach zu weit oben für den Kölner. Vielleicht erinnert den Kölner das alles zu sehr an den Düsseldorfer. Die Düsseldorfer sagen sowas wie: „Der Bruder meines Freundes". Wer vom Balkon den Dom sieht: „Der Bruder vun mingem Freund".

„RHEINISCHER IMPERATIV"

Als in gemütlicher Runde einer der Ex-Luden ein Blick in mein Manuskript werfen möchte, drückt er es so aus: „Doht mer dorr ens dat Booch erövver jävve". Gib mir doch einmal das Buch herüber". Typisch Kölsch. Typisch Milieu. Der direkte Imperativ wird umgangen. Der „Reihnische Imperativ" klingt einfach viel höflicher.

„TOLERANT BLEIBEN"

Die Kölsche Seele ist leicht chaotisch und unberechenbar. Das wird in der Aussprache deutlich und auch in der Rechtschreibung. Perfekt ist nichts. Außer das Durcheinander. Eine einheitliche oder gar verbindliche, Schreibweise gibt es nicht. „He määt jeder, wat hä will!".

Was bleibt uns übrig, als das zu akzeptieren: „Et es, wie et es".

DIE KRIMINELLE
SEELE KÖLNS

TYPISCH KÖLN: KRIMINELL UND SCHLAMPIG.

*„Die Welt ist viel zu gefährlich um darin zu leben -
nicht wegen der Menschen, die Böses tun,
sondern wegen der Menschen, die daneben stehen
und sie gewähren lassen"*
Albert Einstein

Hohe Kriminalität und niedrige Aufklärung.

Die Polizei hat viele verschiedene Aufgaben. Die wichtigste, ist
die öffentliche Sicherheit zu gewähren. Die Polizei soll Gefahren
abwehren und die Bürgerinnen und Bürger beschützen. Sie soll
strafbare Handlungen verfolgen, Gesetzesbrecher festnehmen und
Verbrechen aufklären. Das oberste Ideal der Polizei: Ruhe und
Ordnung. In Köln der 60er ist das ein theoretischer Anspruch.
Und die fehlende Polizeifrömmigkeit der Kölner Bürger in diesen
Zeiten ist mehr als berechtigt.
Köln ist in der 60er Jahren kriminell. Kriminell wie keine
andere deutsche Stadt. Krimineller als Hamburg und Berlin.
Köln genießt keinen guten Ruf, den genießt Köln nur in der
kriminellen Szene. Und übt deutschlandweit eine magnetische
Anziehung auf Ganoven aus. Es scheint, dem kriminellen Treiben
in Köln wird nahezu tatenlos zugeschaut. Denn neben der Dichte
an Verbrechen, weist Köln die niedrigste Aufklärungsquote auf.
Nur 35% der Straftaten wird aufgeklärt. Was sind die Gründe?

Schlampig, naiv, ängstlich und korrupt.

Die Methoden, dem Treiben des Milieus Herr zu werden, sind
oft erschreckend naiv. Und den Polizisten fehlt es an taugli-
cher Ausrüstung. Wenn sie allein oder zu zweit auf Streife sind,

ist es viel zu gefährlich, in Unterzahl aktiv ins Geschehen einzugreifen. Funkgeräte gehören nicht zur Ausstattung der Streifen. So können sie kurzerhand auch keine Verstärkung anfordern. Auch als die Milieustreifen mit Fahrrädern ausgestattet werden, tut das dem Treiben kein Ende. Selbst der Einsatz der VW Käfer entlockt den Ganoven nur ein mildes Lächeln. Die Gangster in ihren dicken Autos fuhren den Polizei-Käfern einfach davon. Manchmal gelingt es mit Tricks, den ein oder anderen Gangster zu stellen. So wie bei einer Verfolgungsjagd von „Schäfers Nas". Er kann nur gestoppt werden, weil die Polizisten dafür sorgen, dass eine heruntergelassene Bahnschranke die Flucht von Schäfer stoppt. Nur so kann er verhaftet werden.

Unter den Kölschen Polizisten genießt das Milieu einen großen Respekt, oft ist es auch Angst die sie davon abhält, dem Milieu Grenzen zu setzen. „Wer am stärksten war, konnte machen was er wollte. An Schäfers Nas ging keiner ran. Wenn du da der Polizei einen Tipp gegeben hast, ist nichts passiert". Die Korruption bei der Polizei und dem Ordnungsamt war immens.

ZWEI KÖLSCHE GAUNERORIGINALE: TÜNNES UND SCHÄL

„Um über einen Ort zu schreiben,
muss man ihn lieben oder hassen.
Oder beides, wie bei einer Frau"
Raymond Chandler

Denkmal für zwei Gauner.

Es gibt einige Persönlichkeiten, die für die typischen Kölner Lebensarten stehen. Der Willi Ostermann Brunnen erinnert an den Sänger, Texter und Komponisten, der wie kein anderer, den Alltag des kleinen Mannes in Köln beschreibt. Willi Millowitsch verkörpert die rheinische Frohnatur. Trude Herr steht für den deftigen Kölschen Humor. Beiden haben die Kölner ein Denkmal gesetzt. Den beiden Kölner Originalen Tünnes und Schäl auch. Obwohl es sie nie gegeben hat. Ihr Bronzedenkmal steht in der Kölner Altstadt. Verewigt wird das Kölner Duo 1950 vom österreichischem Bildhauer Wolfgang Wallner.

Eine Gauner-Anekdote der beiden handelt von ihrer Pilgerreise nach Frankreich. Dort besuchen sie Lourdes, das zum Bistum der römisch-katholischen Kirche gehört. 1858 hat ein junges Mädchen dort eine Marienerscheinung. Lourdes ist einer der weltweit meistbesuchten Wallfahrtsorte. Bevor die beiden ihre Rückreise antreten, kaufen sie noch Cognac. Wollen ihn über die Grenze schmuggeln.

Ein französischer Zöllner findet jedoch die Flasche. Als er fragt, was der Inhalt der Flasche sei, antwortet Tünnes: „Mer zwei wäre en Lourdes, dat ess Weihwasser." Der misstrauische Zöllner öffnet die Flasche und riecht daran: „Das ist doch Schnaps". Daraufhin spielt der Schäl den Verblüfften. Er haut dem Tünnes auf die Schulter und sagt: „Siehste, ald widder e Wunder!"

Köln macht sich breit.

Für Unwissende sind Tünnes und Schäl erst einmal nur zwei Puppen. Bekannt aus dem Hänneschen-Puppentheater. Die beiden sind aber noch einiges mehr, schaut man genauer hin. Tünnes und Schäl symbolisieren auf karikierende Art die Kölsche Seele. Johann Christoph Winter etabliert die Figur des Tünnes 1803 in seinem Ensemble am Hänneschen Puppentheater. Schäl sieht erst ein paar Jahre später das Rampenlicht. Eingeführt wird er von Franz Millowitsch, dem Großvater von Willi Millowitsch, im Jahre 1850. Zu diesen Zeiten platzt Köln aus allen Nähten. Das Stadtgebiet wächst und wächst. Die umliegenden Felder der Bauern, meist mit Zuckerrüben angebaut, werden von der Stadt geschluckt. So werden die Kölner Kappesbauer plötzlich zu Großstädtern. Zumindest räumlich. Und damit ist die Dramaturgie für Tünnes und Schäl gesetzt. Verwechseln kann man die beiden nicht. Jeder von ihnen ist ein eigener Charakter. Zwei wie Köln.

Tünnes.

Der Tünnes repräsentiert einen von der Stadt eingemeindeten Bauern. Er ist einfach gestrickt. Und so betitelt man in Köln Personen, die man für naiv hält mit „Dat is ne Tünnes". Sein Gemüt ist rustikal und friedlich. So schnell kann ihn nichts aus der Ruhe bringen. Sein Arbeitseifer ist nicht besonders ausgeprägt. Er trägt einen blauen Kittel und ein rotes Halstuch, rot wie seine Haare. Er liebt das deftige Essen.

Da er sehr oft zu tief ins Kölsche Bierglas blickt und auch dem Schnaps nicht abgeneigt ist, ist auch seine Knollnase rot. Seine rote, runde Knollnase ist für viele Kölner besonders anziehend. Und sie ist immer blank poliert. Denn der Sage nach bringt es

Glück, wenn man sie reibt. Er steckt sich nicht so hohe Ziele, deshalb kann er sie auch erreichen. Tünnes hat eine gewisse Bauernschläue und sein moralischer Ehrgeiz ist nur gering ausgeprägt.

„Hä ess nit op der Kopp jefalle
un eesch rääch nit op de Mul"
Tünnes über Schäl

Schäl.

Schäl dagegen verkörpert den kleinbürgerlichen Städter. Er ist ein schneller Denker, nicht mundfaul und rhetorisch gewandt. Auch äußerlich unterscheidet er sich von Tünnes. Er ist schlank, trägt Frack und Hut. Sein vornehmer Auftritt entspricht aber nicht seinem Charakter. Denn Schäl ist ein Gauner, ein listiges Schlitzohr mit messerscharfem Verstand. Und er kann auch richtig hinterhältig und bösartig werden.

Skrupellos verfolgt er seine Ziele und gewissenlos räumt er dabei seine Konkurrenten mit unfairen Methoden aus dem Weg. Er weiß stets, wie die Aktien stehen, wo die Entscheidungen fallen und was aktuell ist. Werden seine Machenschaften aufgedeckt, nimmt er das bußfertig, aber ansonsten unerschüttert in Kauf. In Verlegenheit lässt er sich nicht bringen.

Die Kölsche Seele.

Über viele Jahrzehnte stehen nun schon Tünnes und Schäl zusammen auf der Bühne. Sie erzählen, streiten und philosophieren auf echt Kölsche Art. Sie sind sich nur selten einig. Aber sie halten zusammen. Gegensätze ziehen sich an. Sie sind, auch wenn sie das nicht zugeben, aufeinander angewiesen. Und keiner kann mehr ohne den Anderen. Jeder für sich allein ist unvollkommen. Zusammen sind sie ein Abbild der ganzen Kölschen Seele. In jedem Kölner steckt ein bisschen der Tünnes und auch der Schäl.

Sie sind der Spiegel der Kölner Seele. Auch der Kölschen Gaunerseele.

„Was Beethoven für Bonn, das ist Ostermann für Köln"

Ferdi Leisten

Ostermann. Tünnes und Schäl.

Willi Ostermann ist der wohl populärste Kölner Volkssänger und Dichter. Seine Lieder waren Walzer, Polkas und Foxtrotts. Darin und auch in seinen Gedichten, die er meist im Kehrreim schrieb, spiegelt er den Alltag des kleinen Mannes. Seine Werke sind Kölner Volksgut. Er war hager, hatte ein schmales Gesicht, Stupsnase und rotes Haar. Seine Stimme heiser und unausgebildet. Seit 1967 wird die Willi Ostermann-Medaille vergeben. Ehrenträger sind Künstler, die sich besonders verdient gemacht haben zur Pflege der Musik in Kölner Mundart. Ostermann hat sich zeitlebens auch mit Tünnes und Schäl beschäftigt. Er benannte sein 1929 erschienenes „Humoristisches Kölner Wochenblatt" nach ihnen.

Kölsch-katholische Folklore.

Tünnes hat keinen Angelschein. Vom Angeln im Rhein hält ihn das aber nicht ab. Die Polizei erwischt ihn. Bei der Gerichtsverhandlung tut er das, was er besonders gut kann: Er stellt sich dumm. Behauptet, nicht zu wissen, dass man zum Angeln im Rhein eine Genehmigung benötigt. Der Richter fragt nach: „Sie wollen also sagen, dass Sie „bona fide" gefischt haben?". Daraufhin Tünnes: „Nä, mit Würm'!". Der Richter glaubt, sich erklären zu müssen: „Sie verstehen mich nicht, ich habe Sie gefragt, ob Sie in gutem Glauben gehandelt haben?" Da strahlt der Tünnes zurück: „Selbstverständlich, Herr Richter! Im römischkatholische!" Diesem Kölsch-Katholischen Glauben gehen wir auf die Spur.

TRADITIONELL KRIMINELL

„Bei dem Versuch, Köln zu verstehen,
können ihnen die Kölner nicht helfen"
Katinka Buddenkotte

Alleinstellungsmerkmal.

Verbrechen gibt es schon immer. Und wird es immer geben. In allen Kulturen finden sie statt. Gibt es aber dennoch gewisse Orte, die für Verbrechen prädestiniert sind? Regionen, Städte oder Milieus, die Verbrechen anziehen? Gibt es stadtspezifische Verbrechen? Ist Köln eine solche Stadt? Ist die Kölsche Seele ein Nährboden fürs Verbrechen? Betrachtet man die einzigartigen, kriminellen Verhältnisse, die sich in Köln bieten, wirft sich folgende Frage auf. Ist diese Wucht an krimineller Energie und die nachlässige Polizeiarbeit reiner Zufall? Oder liegt an der Kölner Mentalität? Bietet die Stadt einen besonderen Nährboden für solche Zustände? Ist die Kölsche Seele kriminell?

„Vum Arbeide allein ess noch
keiner rich jewoode!"
Tünnes

Stolz und schlampig.

Versuchen wir die Kölsche Seele zu ergründen. Ganz einfach ist das nicht. Man tut sich schon schwer damit, bei einem einzelnen Menschen eine Seele zu finden. Die Seelensuche bei einer Stadt mit einer solch langen Geschichte erscheint fast aussichtslos. Aber versuchen kann man es ja trotzdem. Im Geiste packen die Kölner gerne an. Konkret zupacken, ist aber eigentlich nicht ihre Sache. Sie könnten, wenn sie wollten. Da sind sich die Kölner sicher. Aber meist wollen sie nicht. Und sie halten das ganz gut aus. Kommen gut klar mit ihrer Lässigkeit, die gerne auch mal in echter Schlampigkeit ausartet. Denn in Köln war das schon immer so. Diese Seelenruhe der Kölner hat Tradition. Die Kölner denken: Unsere Stadt ist 2000 Jahre alt. Wir sind so voller Geschichte, was kümmern uns die aktuellen Probleme. Kölsches Grundgesetz, Artikel 3: „Et hätt noch immer jot jejange". Was sagt der Kölner, wenn sein Rasenmäher kaputt ist? Mäht nix.

Lässig. Fahrlässig.

„Och der Dom es nit an einem Dach jebaut wode". Gut Ding will Weile haben. Der Kölner pflegt eine Leichtigkeit des Seins, in der er sich mehr oder weniger fröhlich seinem Schicksal ergibt. „Et kütt wie et kütt". Dieses Kölsche Motto landet bei einer Umfrage unter Express-Lesern als Lieblingsweisheit auf Platz 1. „Et hätt noch immer jot jejange!" erobert sich knapp dahinter den zweiten Platz. Diese Gelassenheit ist ein wesentliches kulturelles Erbgut in der Kölschen Seele.

Diese Haltung prägt das Stadtbild Kölns deutlich und unübersehbar in der Nachkriegszeit. Denn die Kriegstrümmer sind hier noch lange zu sehen. So lange wie in keiner der großen deutschen Städte. Noch in der 50er Jahren sehen die Geschäftshäuser auf der Hohen Straße aus wie Behelfsbuden. Das entspannt-gemütliche Motto in den Zeiten des Wiederaufbaus: „Alles kritt nen Üvverjang".

Faul aber ist der Kölner nicht. Er lässt sich nur nicht von seiner Arbeit auffressen. Die Kölner sind allergisch gegen die genusslose Eile. Und sie haben ein Abwehrmittel dagegen: Die Kölsche Ironie. Ein Witz aus alten Tagen, als es noch keine Taxen gibt. Als man noch mit dem Fiaker, also der Kutsche fährt. Auf einen Droschkenkutscher am Kölner Neumarkt kommt ein aufgeregter Herr zugestürzt. In atemloser Hast fragt er: „Was müssen Sie haben? Ich muss in fünf Minuten in Deutz sein!" Der Kutscher schaut auf und sagt ruhig: „Ein anderes Pferd".

Für Ordnung sorgen andere.
„Joot, sollen die dat doch maache."

Im Oktober 1794 ergibt sich Köln kampflos den heranrücken-
den französischen Truppen. Rund 12.000 französische Soldaten
marschieren durch das Hahnen-Tor ein und werden in Kölner
Häusern einquartiert. Die Stadt liegt zu dieser Zeit am Boden,
ist völlig heruntergewirtschaftet. Die Industrialisierung ist an
Köln vorbeigegangen. Moralisch verwahrlost ist die Stadt auch.
Im Jahre 1424 werden die Juden der Stadt verwiesen. Auch
Protestanten dürfen in Köln nur begrenzt wirken. Der städtische Boden gehört zu weiten Teilen der katholischen Kirche.
Die französischen Besatzer misten den altertümlichen Kölner
Stall gehörig aus. Zu den wichtigsten Verdiensten der Besatzer
zählen: die Gleichberechtigung der Protestanten, das Wohnrecht
für Juden, die Einführung von Hausnummern, die Organisation
einer Straßenbeleuchtung, die Organisation einer Müllabfuhr, die
Niederschrift der Gesetze im Code Napoléon und die Säkularisa-
tion des Kirchenbesitzes als Grundlage für die Industrialisierung
. Durch diese modernen Maßnahmen der Besatzer erlebt Köln
einen wirtschaftlichen Aufschwung.

Ordnung und Organisieren hat der Kölner nicht im Blut. Wenn
man in einem Restaurant einen Tisch bestellen möchte, kann es
einem durchaus passieren, dass man auf die Frage: „Ich würde
gerne einen Tisch für heute Abend reservieren" folgende Antwort
bekommt: „Reservierung sieht wie folgt us: eren kumme, Kölsch
bestelle, drinke un waade dat ene Platz frei weed."

Humor im Bombenhagel.

Die ersten Bomben fallen im Juni 1940 auf Köln. 1942 inten-
sivieren die Briten den Luftkrieg. In der „Operation Millennium"
im Mai 1942 fallen über 1000 Bomben auf Köln. Ab 1943 wird
die Stadt nachts von britischen Bombern und tagsüber von US-
Fliegern angegriffen. Durch die Flächenbombardements wird die
Innenstadt zu über 90 Prozent zerstört. Die Innenstadt ist quasi

dem Erdboden gleichgemacht. Köln ist nicht mehr viel mehr als eine Wüste aus rauchenden Steinen. Auch der Dom wird durch 14 Fliegerbomben und mehr als 70 Brandbomben schwer beschädigt, bricht aber nicht zusammen.

Selbst aus dieser schrecklichen Zeit existieren Witze. Der Humor der Kölner verstummt auch da nicht und bringt es in lapidarer Kürze auf den Punkt. Nach einem fürchterlichen Bombenangriff kriecht ein Kölner aus dem Keller. Sein Haus und auch alle umliegenden Häuser sind dem Erdboden gleich gemacht worden. Kopfschüttelnd und nachdenklich sagt er: „Wenn die noch ens kumme, müsse die sich de Häuser metbränge."

Banal und erhaben: Leben und Tod.

Die Kölsche Seele ist facettenreich und trägt viele Seelenfalten. Und sie baumelt dabei zwischen Büdchen und Größenwahn. In der Kölner Seele herrscht ein Mix, ein Nebeneinander von Erhabenen, die unerschütterliche Sehnsucht nach Größe und Bedeutung, und der Liebe zum Banalen. Der Dom und die Straße. Pathos und Alltag. Das Akademische und das Profane wird im Kölschen Seelenhaushalt vereint. Auch das Leben und der Tod.

Was den Tod und die Zeit danach angeht, sind die Kölner voller skeptischer Heiterkeit. Und sie gehen da gerne auch mal in die Unschärfe. Der Mensch ist sterblich. Das wissen auch Tünnes und Schäl. Allerdings sind sie der Meinung, es macht keinen Sinn, sich unnötige Gedanken über den Tod zu machen. Oder gar über ihn zu reden.

Als der Schäl einmal vom plötzlichen Tod eines Freundes berichtet, sagt Tünn nach einem Moment des Nachdenkens: „Jo ävver, wor dat dann nüdich?. Was uns nach dem Tod erwartet, sieht der Kölner so: „Der Herrjott liet doch ne echte Kölsche nit em Stech!". Und irgendwie sind sich die Kölner deshalb sicher, auch im Himmel wird Karneval gefeiert. „Alaaf" statt „Hosianna". Über das Sterben sagt der Tünnes: „Eijentlich hann ich jar kein Angs vörm Sterve. Ich mööch bloß nit unbedingk derbei sin, wann et passeet."

Mit einem Augenzwinkern ins Jenseits.

Der Kölner Komponist Willi Ostermann, geboren 1876, ist eine Legende. Seine Lieder und Texte beschreiben die Kölner Seele wie kein anderer. Sein Humor verklärt nicht, er schaut den Kölnern ganz genau aufs Maul. Er beschreibt das alltägliche Leben in Köln, so wie es ist. Zu seinen bekanntesten Stücken gehört „Heimweh nach Köln" („Ich möch zo Foß noh Kölle gon"). Bei einem Auftritt in Bad Neuenahr im Juli 1936 bricht er zusammen. Wenige Tage später stirbt er.
Der Kölsche Tratsch kolportiert, dass er an einer Leberzirrhose aufgrund seines übermäßigen Alkoholgenusses litt. Bei Ostermanns Beerdigung steht das Leben in Köln still. Kölns Geschäfte bleiben geschlossen, bis der Tote, im Frack bekleidet, im städtischen Ehrengrab auf dem Friedhof Melaten liegt. An seiner Beerdigung nehmen 35.000 Menschen teil. Auch als Ostermann auf seinem Sterbebett liegt, hat er seinen Humor nicht verloren. „Dot mer noch en Glas Sekt" bittet er den behandelnden Arzt. Er schenkt ihm darauf eine halbes Glas Sekt ein. Ostermann: „Es dat nit en beßje winnig för dä wigge Wäch en et Jenseits?".

Moral. Egal.

Zur lässigen Lebenskunst der Kölner gehört auch der Klüngel. Das Wesen des Klüngels ist wohl am besten mit einer Affäre zu beschreiben. So behauptet der Kölner, der Klüngel sei das illegitime Kind eines preußischen Vaters und einer rheinischen Mutter. Diesem Kölschen Klüngel-Kind ist eine besondere Gabe in die Wiege gelegt: Bei Wahrung formaler Vorschriften doch eine zufriedenstellende Sachentscheidung zustande zu bringen.

Die Kunst des Klüngelns ist, den langen Dienstweg zu vermeiden. Den Amtsschimmel kreativ zu umgehen. Stattdessen eine unkonventionelle Abkürzung nimmt. Die Kunst des Klüngels ist eine menschenfreundliche Kunst. Sie stellt den Menschen höher als Vorschriften. Aber oft findet der Klüngel außerhalb des

Gesetzes statt. Das sehen die Kölner aber ganz gelassen. Schauen wir uns die Tradition des Kölner Klüngels mal genauer an.

„Am Rhing, ävver och em janze Land,
es dr Kölsche Klünjel joot bekannt.
Mer hätt sing Fründe en dr Partei,
ob ruut, ob schwatz es einerlei.
Beim Hännesje-Thiater un beim FC,
bei dr Fortuna un dr KVB"
Klünjele

Die Klüngel-Tradition.

Dass viele Verbrechen in Köln unaufgeklärt bleiben, dabei spielt ohne Zweifel auch die rheinische Mentalität eine Rolle: Der „Kölsche Klüngel". Auch dafür ist Köln weit über seine Stadtgrenzen hinaus bekannt. Der Klüngel rührt aus der Tradition Kölns als freie Reichsstadt. Die lange ausschließlich katholisch geprägte Bevölkerung und der jahrhundertealte Gegensatz zwischen Kirche und Bürgertum hat ein spezifisch Kölsches Klima erzeugt. Verschiedene Interessengruppen formieren sich häufig aufgrund gesellschaftlicher Sozialisation und daher über Parteigrenzen hinweg. Das daraus entstandene Beziehungsgeflecht, das Politik, Wirtschaft und Kultur untereinander in einem System gegenseitiger Gefälligkeiten, Verpflichtungen und Abhängigkeiten verbindet, ist die Grundlage dessen, was heute Klüngel genannt wird.

Klüngeln heute.

Wenn Kölner Probleme lösen, wird auch heute noch gemauschelt und getratscht. Das ist in Köln ganz normal. Und hat Tradition. Journalist und Politikprofessor Frank Überall: „Der Kölsche Klüngel ist etwas ganz Besonderes. Es gibt in keiner Stadt etwas Vergleichbares. Er gehört zu Köln dazu und wird auch von den meisten Bürgern akzeptiert".

Im Kölner Alltag ist Klüngeln positiv besetzt. „Eine Hand wäscht die andere". Gegenseitige Hilfeleistungen und Gefälligkeiten gehören zum Kölner Alltag. Man hat sein Netzwerk. Und betreibt „Networking". Man klüngelt eben. Im Prinzip erst einmal nichts Schlimmes. Auf keinen Fall kriminell. Sympathisch. Aufs Klüngeln sind die Kölner stolz. Der Kölner Konrad Adenauer, der erste Bundeskanzler der BRD hat dieses Motto „Mer kennt sich, mer hilft sich" populär gemacht. Und dem Klüngel damit auch seinen Segen gegeben. „Ohne die Drink-doch-ene-met-Mentalität kann man den Klüngel nicht verstehen".

Beim Klüngeln geht es um Nähe, Austausch, Freundlich, Kölsche Eigenschaften. Klüngeln in Köln ist kein plumper Handel. Journalist und Politikprofessor Frank Überall: „Man tritt erst einmal in Vorleistung, ist hilfsbereit, unterstützt die anderen und sammelt so Punkte. Und wenn man das lange genug getan hat, kann man darauf zählen, das einem auch die anderen zur Seite stehen, wenn man Hilfe braucht".

Der Wortstamm kommt aus dem Lateinischen. Ein Klüngel ist ein kleines Knäuel. Ein Gebilde also, das aus vielen Fäden besteht, das kaum zu entwirren ist. Von außen betrachtet ist es kaum zu durchschauen, wie alle Fäden zusammenhängen. Wer klüngelt, führt nicht unbedingt Böses im Schilde. Aber es kommt verstecktem Mauscheln manchmal sehr nah. Da es ohne öffentliche Kontrolle geschieht, besteht natürlich immer das Risiko von unausgewogenen und nicht immer alle berechtigten Interessen berücksichtigenden Entscheidungsprozessen. Die Grenze zu betrügerischen Machenschaften und zur Korruption sind somit fließend. Journalist und Politikprofessor Frank Überall:

„All das wirkt nach außen hin sehr freundlich,
aber oft werden einfach nur Schlampereien kaschiert"

Das kriminelle Klüngeln, die Kumpanei zwischen Kriminellen und der Polizei, auch das gab es in Köln. die Vertuschung von Verbrechen. Und ging oft so weit, dass Verbrechen vertuscht wurden.

DIEBSTAHL MIT KIRCHLICHEM SEGEN

„Ein Dieb ist ein Mensch, der zu vernünftig ist,
um zu verhungern, aber zu unvernünftig, um zu arbeiten;
zu verschämt, um zu betteln,
aber gerade unverschämt genug, um zu stehlen"
Fliegende Blättern

Kölsch-Katholisch.

Köln gilt als religiöse Stadt, vornehmlich als katholisch. Statistisch gesehen, kann man das durchaus anzweifeln. Nur rund ein Drittel der Kölner gehören der katholischen Kirche an, die meisten zählen zu keiner der beiden großen christlichen Konfessionen. Rein statistisch gesehen, ist die Domstadt also atheistisch. Zu den Evangelen gehören in Köln knapp 15%. Muslime, Christlich-Orthodoxe und Jüdisch Gläubige bilden nur kleinere Minderheiten. Aber: Mit knapp zwei Millionen Katholiken ist das Erzbistum Köln unter den deutschen Diözesen das mitgliederstärkste Bistum. Größer als das von Münster und Freiburg. Köln ist geprägt von den Katholiken und vom Katholischen Glauben.

Aber nicht so sehr wie es sich manch missionierende Seele wünscht. Die Kölner machen nicht mit, als im 18. Jahrhundert die Aufklärung durch Deutschland weht. Die Stadt hat den Ruf, einem fortschrittsfeindlichen Katholizismus nachzuhängen, der noch immer vom mittelalterlichen Unglauben geprägt ist. So notiert Georg Forster nach einem Köln-Besuch im Jahre 1791: „Nirgends erscheint der Aberglaube in einer schauderhaften Gestalt als in Kölln".

181

Kölscher Aberglaube.

Kölsch blickt auf eine über tausendjährige, schriftlich belegte Braugeschichte zurück. Wer Bier braut weiß, wie groß die Gefahr ist, dass das Bier beim Brauen umschlägt, also sauer wird. Der Kölner Schabernack kombiniert mit typisch Kölschem Aberglauben bringt die tollsten Geschichten hervor. Um böse Geister vom Braukessel fernzuhalten und sie davon abzuhalten, die das Bier ungenießbar machen. Das Ganze ging sogar soweit, dass in Köln die weit verbreitete Meinung galt, dass einem Mädchen, das Bier in Gesellschaft verschüttet, eine uneheliche Schwangerschaft bevorsteht.

In Köln hat der Papst nichts zu melden.

Die Kölner leben ihren Glauben auf ihre Art. Auf ihre Kölsche Unart, „Kölsch-katholisch" eben. Der Glauben prägt das Leben in Köln bis in den privaten Bereich. Aber dem Einfluss der Kirche auf die Lebensgestaltung der Kölner Katholiken sind durchaus Grenzen gesetzt. Der Kölner Heinrich Böll nennt er als Charakteristikum, dass der Kölner weltliche und kirchliche Autoritäten „nie so recht ernst, schon gar nicht wichtig" genommen habe.

Selbst dem Papst werden in Köln seine Grenzen aufgezeigt. Geht man der Frage nach, wem der Kölner Dom gehört, trifft man auf einzigartige Verhältnisse. Denn: Weder der Bischof noch der Vatikan haben das Hausrecht am Dom. Die Eigentumsverhältnisse des Kölner Doms sind ungewöhnlich. Laut Grundbuch der Stadt Köln gehört der Dom der „Hohen Domkirche zu Köln", das ist eine juristische Person des öffentlichen Rechts. Da die „Hohe Domkirche" nicht selbst öffentlich auftreten kann, um zum Beispiel unliebsame Besucher des Doms zu verweisen, lässt sie sich vom Domkapitel vertreten.

Das Domkapitel ist das leitende Gremium an katholischen Bischofskirchen und besteht aus dazu erwählten 112 Geistlichen. Das Domkapitel vertritt also die Hohe Domkirche im Rechtsverkehr und nimmt das Hausrecht wahr. Weder der Bischof noch der Oberbürgermeister oder gar der Vatikan haben das Hausrecht vom Dom. Das führt zu kuriosen Situationen. So wurde das berühmte, wie ein farbenfrohes Mosaik aussehende und von dem bekannten deutschen Künstler Gerhard Richter 2007 erstellte Südquerhausfenster vom Kölner Erzbischof Joachim Kardinal Meisner heftig abgelehnt. Dass das Fenster trotzdem in den Dom eingebaut wurde, hat damit zu tun, dass er nicht Eigentümer des Doms ist. Wäre Meisner Bischof in Bamberg, München oder Speyer geworden, hätte er bei einer solchen Frage selbst entscheiden können.

Befehl ignoriert.

Und wenn es ans Eingemachte geht, also um ihr Bier, dann ignorieren die Kölner auch schon mal Befehle. Als der Krieg schon längst verloren ist, kurz bevor die US-Amerikanischen Soldaten in Köln einmarschieren, erlässt Hitler noch den Befehl, alles technische Gerät der Stadt unbrauchbar zu machen. Der US-Armee soll kein brauchbares, industrielles Gerät in die Hände fallen. Auch die Brauereien, mit ihren komplexen, technischen Anlagen, gehören in diese Kategorie. Der Befehl beinhaltet also auch, die Anlagen der Kölner Brauereien zu demontieren werden. Diese Seite des Führerbefehls wird von den Kölner ignoriert.

Ein Kölner repräsentiert Deutschland.

(1946) Eine Predigt und die Reaktion der Kölner Bevölkerung darauf, bringt das „Kölsch-Katholische" noch wunderbarer auf den Punkt. Wer war dieser Kardinal Frings, der diese Predigt hält? Joseph Frings ist in den Jahren 1942-1969 Erzbischof von Köln. Ab 1946 ist er zudem Kardinal. Er ist für seine Volksverbundenheit bekannt.

In den Nachkriegsjahren besucht er deutsche Soldaten in englischen Gefangenlagern. Bis 1949 gibt es keine Regierung in

Deutschland. So wird Frings im Land oft als Repräsentant aller Deutschen wahrgenommen. In den Jahren 1962 bis 1965 nimmt er Teil am Zweiten Vatikanischen Konzil. Begleitet wird er von Joseph Ratzinger, dem späteren Papst Benedikt XVI. Kardinal Frings stirbt im Dezember 1978 in Köln.

Köln 1946.

Der Zustand des zerstörten Kölns ist auch ein Jahr nach dem Krieg noch immer erschütternd. Die Kölner hausen in den Kellern zerbombter Häuser. Sie kochen auf primitiv aus Ziegeln zusammengebauten Feuerstellen. Wasser wird mit Eimern und Blechnäpfen an den wenigen Pumpen, die heilgeblieben waren, geholt. Und in den Nächten ist es kalt. Viele Kölner organisieren sich die Kohle, die sie zum Heizen brauchen aus Güterwaggons und Lastwagen. Die meisten davon kommen aus den Zechen des Ruhrgebiets. Odile Zernko ist 16 Jahre alt. Die Familie lebt in Kölner-Riehl. Die pensionierte Lehrerin erinnert sich an diese Zeit: „Trotz eisiger Außentemperaturen konnten wir in unserer Wohnung nur einen Raum heizen. Doch wenn wir schon hungerten, wollten wir nicht auch noch frieren. Deshalb lautete die Parole: „Klütten klauen", übersetzt: „Kohlen stehlen".

Die legendäre Silvesterpredigt.

Erzbischof und Kardinal Joseph Frings hält Silvester 1946 in der Kirche St. Engelbert in Köln-Riehl eine Predigt, die ihn unsterblich macht. Er spricht darin über das siebte Gebot: „Du sollst nicht stehlen". „Wir leben in Zeiten, da in der Not auch der Einzelne das wird nehmen dürfen, was er zur Erhaltung seines Lebens und seiner Gesundheit notwendig hat, wenn er es auf andere Weise, durch seine Arbeit oder durch Bitten, nicht erlangen kann".

Die Kölner hören nicht zweimal hin. Für sie ist klar: Frings hat den Kirchlichen Segen für den Diebstahl gegeben. Und somit eine kirchliche Rechtfertigung für ihre kriminelle Selbstbedienung, die der Kölsche Volksmund nun „fringsen" nennt. „Der Kardinal", sagt Odile Zernko, „hat uns das Gewissen erleichtert. Der Frings hat uns grünes Licht gegeben. Denn wer stiehlt schon gerne?". Die Kölner nehmen das Kirchliche Oberhaupt beim Wort. Gesagt ist gesagt. Der Kölsche Kohleklau nimmt nach der Predigt deutlich zu. Und die Kölner gehen noch einen Schritt weiter. Mit dem Segen der Kirche im Gepäck und ihrem überschwänglichen kölschen Naturell, plündern sie nun nicht mehr nur die Kohlenzüge, die ins alliierte Ausland gehen, sondern auch die Lastautos der heimischen Händler. Frings Predigt ist für die Kölner ein willkommener Freifahrtschein, der ihren Kohlenklau legitimiert. Und mit typischer, Kölscher Unbekümmertheit reizen sie die Aussage von Frings aus.

Falsche Folklore.

Was die Kölner in der Predigt überhören, dass Frings gleich nach dem bis heute berühmten Satz, einschränkend sagt: „Wer aber mehr nimmt als das Notwendige, versündigt sich gegen das siebte Gebot und wird einmal darüber vor unserem Herrgott Rechenschaft ablegen müssen".

Viele Menschen überhören diesen Satz. Und die Presse gibt den Rest dazu: „Die Zeitungen haben nur den Satz, man dürfe sich in der Not etwas nehmen, veröffentlicht", erinnerte sich der Kardinal. „Die gravierenden Konsequenzen, der Streit mit den Behörden, seine durch das Wort „fringsen" angedeutete Popularität im Volk, haben Frings zeitlebens darüber nachdenken lassen, ob seine Wortwahl Silvester 1946 wohl die richtige gewesen sei".

Die Kölner basteln sich ihre Legenden selbst. Passend zu ihrer Kölschen Seele, die nicht unbedingt mit großem Unrechtsbewusstsein gefüllt ist. Kölscher Klüngel und Katholisch-Kölsch eben.

BA-BA-BANKÜBERFALL

HARRY, HOL SCHON MAL DEN WAGEN

„Bankraub ist eine Unternehmung von Dilettanten.
Wahre Profis gründen eine Bank"
Bertolt Brecht

Das Böse ist immer und überall.

Eine Bank auszurauben, ist ein Verbrechen. Und der Bankräuber ist ein Verbrecher. Punkt. Da gibt es nichts zu beschönigen. Aber: Dem klassischen Bankraub im alten Stil kann man doch auch eine faszinierende Seite abgewinnen. Fließt bei dem Überfall kein Blut, hegen wir schon mal Sympathien für den Bankräuber. Wenn auch nur klamm heimlich. Denn mit ein wenig Fantasie kann man den Bankraub doch deuten, als einen listigen Akt der Rebellion gegen das Establishment, die Hochfinanz. Banken kann irgendwie niemand leiden. Auch wenn wir wissen, dass wir sie brauchen. In der Knasthierarchie spiegelt sich diese Denkweise.

Knasthierarchie.

In der Haft wird der Häftling zwangsweise ausgegliedert von seiner sozialen Umwelt. Er muss sich nun neu eingliedern in das soziale System des Gefängnisses, wo ganz andere Gesetze herrschen. Jede menschliche Gesellschaft hat eine hierarchisch strukturierte Ordnung. In einer Randkultur, wie es das Gefängnis ist, in dem es oft ums nackte Überleben geht, hat diese Hierarchie eine besondere Bedeutung. Sie regelt die Kontakte zwischen den Häftlingen. Sie bestimmt, wer welche Informationen bekommt. Wer degradiert wird. In ihr gibt es Ranghöhere, die Privilegien, Ansehen und Respekt genießen.
Die informelle Hierarchie im Knast ist eine Art Drei-Klassen-

Gesellschaft. Gangster, die mit ihrem Delikt Geld ergaunert haben, genießen das höchste Ansehen. Bankräuber, geschickte professionelle Betrüger und auch Lösegelderpresser stehen in der Knasthierarchie also ganz oben. Unter den Strafgefangenen gelten sie als eine Art Elite. Denn mit ihren Verbrechen sind sie wissentlich größte Risiken eingegangen. Denn die Haftstrafen sind besonders hoch. Und es gehört eine besondere Cleverness dazu, diese Verbrechen zu begehen. Nicht selten herrscht ein gewisser Größenwahn unter Bankräubern.

Im Ansehen der Häftlinge liegen die Auftragsmörder und Gewalttäter, die aus dem Dunstkreis bekannter Krimineller kommen auf dem zweiten Platz. In der Hierarchie ganz unten sind die Sittlichkeitsverbrecher angesiedelt. Von ihnen distanziert sich der „noble" Ganove.

Ba-Ba-Banküberfall.

Die Zahl der Banküberfälle geht in Deutschland schon seit Jahren zurück. Gibt es 2001 noch knapp 700 Überfälle, sind es im Jahre 2017 nur noch 100. Im Vergleich ist die Schlagzahl in Italien eine ganz andere. Bis 2006 sind jährlich rund 3000 Banken überfallen worden. Das ist mehr als vom ganzen Rest Europas.

Auch mit den im Verhältnis um einiges weniger an Banküberfallen rangiert Deutschland nach Spitzenreiter Italien auf dem zweiten Platz. Die Aufklärungsquote bei Banküberfällen ist in Deutschland fast fünfmal so hoch wie bei Wohnungseinbrüchen. Sie liegt bei rund 70%.

Robby will kein Geld verbrennen.

Robby hat es trotzdem getan. Es war Ende der 60er Jahre. Die Bank mitten in Köln. Und er hatte verdammt viel Glück, dass er nicht erwischt wurde. Und er weiß das. Er würde es nicht noch einmal tun. Im Scherz frage ich ihn, ob er mir erzählen mag, wie ein idealer Bankraub vor sich geht. Er erklärt es mir. Ganz im Ernst. „Weißt Du, ich habe versucht, an die Kohle zu kommen, als die Bank geschlossen war. Dachte, Du musst niemanden bedrohen, brauchst keine Waffen. Aber Pustekuchen. Das haut nicht hin." Robby und sein Kumpel steigen also nachts in die Bank ein. Sie haben viel Zeit, den Tresor aufschweißen. Problem: Bei aller Vorsicht, den die beiden in der Nacht an den Tag legen, es ist nicht zu verhindern, dass ein großer Teil der Geldscheine von den Funken, die zwangsläufig beim Schweißen entstehen, versengt wird. Deshalb ist diese Variante unattraktiv. Nicht nur für Robby und seinen Ganovenkumpel. Auch für viele andere Gangster, die es auf eine Bank abgesehen haben.

Präzise Planung.

Die Abläufe der Banküberfälle sind fast immer dieselben, lerne ich von Robby. Zuerst muss der Überfall präzise geplant werden. Dazu gehört erst einmal, so viele Informationen wie möglich über die Bank zu sammeln: Die Anzahl der Angestellten und möglich vorhandenen Sicherheitsleute. Wichtig zu wissen, mit welcher Überwachungstechnik die Bank ausgestattet ist. Am besten fertigt man einen Plan der Bank an. Mit dem Eingangsbereich, dem Schalter, dem Weg zum Kassenraum.

Jetzt geht`s los.

Zur intelligenten Durchführung gehört auch, einen denkbar empfindlichen Moment für den Überfall auszuwählen, wie eine Geldlieferung am Hintereingang. Wenn die Routine der Bankangestellten gestört ist. Ist man einmal in der Bank, ist es zuerst das Wichtigste, die Kontrolle zu bekommen. Allen muss klar sein, wer in diesem Moment Herr in Haus ist. Wer das Sagen hat.

Und da hilft nur eines: Die anwesenden Kunden und Mitarbeiter müssen dafür mit Waffen bedroht werden. Am wirkungsvollsten

sind respekteinflößende Kaliber. Robbys Wahl fällt auf eine ab-
gesägte Schrottflinte. Die Kunden und Mitarbeiter sollen zudem
so wenig wie möglich mitkriegen. Und so gut wie nichts sehen.
Schon gar nichts von den Räubern.

Auch wenn die Räuber maskiert sind, sollen die Anwesenden
in der Bank so wenig wie möglich Anhaltspunkte bekommen für
später Gegenüberstellungen. Deswegen müssen sich alle hinle-
gen, mit Gesicht zum Boden. Bis auf den Angestellten, den die
Ganoven aussuchen, der das Geld herausgeben soll. Das ist meist
der Angestellte, der gerade hinter dem Schalter steht. Während
ein Gangster, die am Boden liegenden in Schach hält, springt
der andere über den Schalter, schnappt sich diesen Angestellten.
Also gehören mindestens zwei dazu, frage ich. „Wart ab",
entgegnet Robby. Nummer 2 lässt sich nun in den Kassenraum
führen. Die Zeit drängt. Die Profis wissen, dass sehr wahrscheinlich, trotz aller Maßnahmen, ein Alarm ausgelöst wurde. Und
die Polizei auf dem Weg ist. Und das heißt: „In spätestens zehn
Minuten sind die da. Und wir müssen raus sein. Da die Nerven
zu behalten, das ist schon eine große Kunst", lächelt Robby.

Nix wie weg.

Sie haben es geschafft. Alles lief wie am Schnürchen in der
Bank. Und dann heisst es, so schnell wie möglich das Weite
suchen. Draußen steht ein Fluchtwagen bereit. Der Motor läuft.
Und der Fahrer muss zuverlässig sein, so wie Harry. Ich grinse.
„Ja, ja, er hieß wirklich Harry, wie der Typ bei Derrick", sagt
Robby. „Ich weiß, dass Derrick den Satz „Harry, hol schon mal
den Wagen" in der Serie nie gesagt hat. Ich aber schon. Und
Harry ist nicht nur zuverlässig, sondern auch sehr erfahren. Und
ortskundig. Jetzt sind wir bei drei Gangstern angelangt. Harry hat
den Wagen zuvor gestohlen. Und er stiehlt einen Wagen, mit dem
er sich auskennt. Er checkt ihn. Und tankt vorsichtshalber nach.

Sie sind im Verlauf der Flucht dann noch auf einen zweiten
Wagen umgestiegen. Der zweite Wagen steht auf einem belebten
Parkplatz, da fällt man am wenigsten auf. Und wir hatten einen

neuen Fahrer, der natürlich die gleichen Qualitäten haben muss, wie der erste. Auf einen zweiten Wagen umzusteigen, erschwert die Spurensuche der Polizei, lerne ich von Robby. Jetzt sind wir schon bei vier Ganoven. Das Team muss aus professionellen und loyalen Leuten bestehen, auf die absoluter Verlass ist. „Bei einem Banküberfall ist es wie in einer Beziehung, du brauchst die richtigen Komplizen, sonst wird das nichts".

Beute zählen.

Die Beute, in handliche Taschen gepackt, sollte schon bei der Flucht auf mehrere Männer aufgeteilt sein, die dann verschiedene, vorher festgelegte Fluchtrouten nehmen. Die Männer sollten sich unter keinen Umständen in den nächsten Jahren treffen. Nun erfahre ich noch, dass es gar nicht so einfach ist, seine Beute zu zählen. Und dass man sehr geschickt sein musss, die Geldscheine dabei nicht zu ruinieren. Denn die Geldbündel sind mit kleinen Farbbomben gesichert. „Ein falscher Griff", so Harry, „und die Beute ist wertlos". Und zudem muss man vermeiden, dass man die Farbe an die Finger kriegt. Kommt man in Kontakt mit der Polizei, wäre das ein zu eindeutiges Indiz.
Also gehört zu Harrys Ausrüstung: Stulpenhandschuhe und Plastiktüten. Sie holen erst nur einen Bündel Geldscheine aus dem Beutel. Den stecken sie in die Plastiktüte und öffnen ihn. So wird nur dieses eine Bündel verunreinigt, in dem die Farbpatrone versteckt ist. Wieviel Geld es war, erfahre ich leider nicht. Ganovenehre, sagt Harry.

Heute anders als früher.

Heute wäre ein solcher Banküberfall kaum mehr möglich. Noch viel risikoreicher als damals. Denn mit den Jahren haben die Banken dazugelernt. Die Sicherheit erhöht. Das Bargeld lagert nicht mehr so lange in den Banken. Die Kassenbestände sind auf ein möglichstes Minimum reduziert. Zudem sind die Tresorräume jetzt mit Zeitschlössern ausgestattet. „So ein schnelles Ding wäre jetzt unmöglich". Damals gab es auch noch keine Kameras. Also: Die Banken werden immer sicherer. Der Bankraub wird immer risikoreicher. Die potenzielle Beute geringer. Erwischt zu werden immer wahrscheinlicher. Und zudem drohen lange Haftstrafen. „Lass besser die Finger davon", rät mir Harry mit ironischem Lächeln.

Ulli Portz hat es dennoch versucht. Und er landet im Knast. In der JVA Aachen. So wie „Schäfers Nas" einige Jahre zuvor.

TÜR AN TÜR MIT RÖSNER

„Ein Gefängnis ist die Gesellschaft im Kleinen"
Bernadette Devlin McAliskey

Chauffeur für Schäfer.

Es ist Sonntag., 1984. Das Telefon klingelt. Ein ungewöhnlicher Anruf. Aber die Stimme der Frau ist Ulli Portz vertraut. Es ist die Stimme von Margot. Und Margot ist die Gattin von „Schäfers Nas". Der sitzt gerade in der JVA Remscheid-Lütringhausen. Heute hat er Freigang. Wie alle vier Wochen. Und den heute will der Rotlichtkönig ganz besonders zelebrieren. Die Beamten sollen wissen, mit wem sie es zu tun haben. Und sie sollen es auch sehen. Der Statusgedanke ist Schäfer nicht fremd. Die Bitte von Margot sieht also so aus: Ulli soll mit Schäfers Rolls Royce vor der JVA vorfahren. Und zwar so, dass es möglichst auffällt. Ulli holt also die prächtige Limousine aus Rodenkirchen ab. Dort hat das Paar eine noble Villa. Aber die Inszenierung des Freigangs geht noch weiter. Ulli soll sich einen dunklen Anzug besorgen. Und einen Hut, der in als Fahrer oder Butler auszeichnet. Diese Rolle nimmt Ulli gerne an.

Er leiht sich von einem Freund den passenden Anzug und die Kopfbedeckung. Wenige Stunden später ist er in Remscheid. Ulli parkt den Wagen im absoluten Halteverbot. In der Sicherheitszone quer vor dem Eingang der JVA, so dass die Pforte alles sehen konnte. Die Angestellten staunen Bauklötze, als Ulli den Diener vor seinem Herrn macht. „Den Spaß habe ich gerne mitgemacht. Hein und ich haben uns bei der Fahrt nach Köln noch kaputtgelacht".

Milieukind.

Die Fahrt geht nach Rodenkirchen. Schäfer redet über alte Zeiten. Über seinen Vater Herrmann. Als Ulli auf die Welt kommt, ist sein Vater 37 Jahre. Und bei seiner Taufe ist Schäfer dabei. Seinem Freund Herrmann sagt er bei dem Zeremoniell, dass er für den Ulli da ist, wenn immer er ihn braucht. Ulli weiß das, auch sein Vater hat ihm das schon vor vielen Jahren einmal erzählt. Schäfers ist also sein Schutzpatron. Und jetzt hat er es noch einmal persönlich von ihm erfahren.

„Ich stand noch nicht auf meinen eigenen Füßen, da gehörte ich schon zum Milieu" erzählt Uli heute lachend „ich hatte da gar keine Wahl." Erst fahren sie nach Rodenkirchen, ins „Treppchen". Schäfer bestellt sich zweimal Haxe. Die Kneipentour startet in Zollstock. Es spricht sich schnell rum, dass Schäfer draußen ist.

Banküberfall. Kölscher Knaststolz.

Ein paar Jahre später überfällt Ulli Portz eine Bank. Das geht ziemlich in die Hose. Die Überwachungskameras machen deutliche Bilder. Einer petzt. Zu 12 Jahren wird er verdonnert. 11 Jahre und 3 Monate sitzt er davon ab. 132 Monate. Knapp 4000 Tage. In einer Einzelzelle, in der JVA Aachen.

Der Kölner Ulli Portz kann ein Lied singen über den Knastalltag in der JVA Aachen. Eingeschlossen in einer Zelle. Ein Bett, Tisch, Stuhl und Schrank. Nicht größer als zehn Quadratmeter. Seine Zeit darin abzusitzen. Dem Knastalltag mit seinen rauen Gesetzen ausgesetzt zu sein. Für Monate. Oder gar für viele Jahre.

Für uns Normalbürger eine schreckliche Vorstellung. Eigentlich kaum vorstellbar, das schadlos überstehen zu können. Für die Jungs aus dem Kölner Milieu gibt es schlimmeres, als im Knast zu sitzen. Und die meisten wissen, wovon sie reden. Auch der Kölsche Geldfälscher Hans-Jürgen Kuhl, weiß wovon er redet: „Ein richtiger Kölscher aus dem Milieu, der musste mal im Klingelpütz gewesen sein. Das musste sein, um mitsprechen zu können".

Abschreckender und reizvoll.

Im Gefängnis zu landen können, hält sicherlich viele Menschen davon, eine Straftat zu begehen. Doch eine mögliche Haftzeit zu riskieren, ist für viele nicht abschreckend. Eher das Gegenteil. Denn wer im Knast war, genießt in bestimmten Kreisen eine besondere Bewunderung. Zum Thema Abschreckung gibt es eine interessante Studie. Jugendliche, mit dem man im Sinne der Abschreckung, einen Knastbesuch gemacht hat, sind später, prozentual gesehen, öfter im Gefängnis gelandet, als diejenigen einer Vergleichsgruppe ohne die geringste Knasterfahrung. Insbesondere für viele Jugendliche ist sicherlich die Vorstellung, statt Knast, gemeinnützige Arbeit leisten, um einiges abschreckender.

Luxus fängt mit „T" an.

Der Knastalltag sieht so aus: 5.30 Uhr Wecken. 6 Uhr Frühstück. Kaffee, Brot und Schmierkäse. Um 6.30 Uhr fängt der Arbeitstag an. Unterbrochen von einer halbstündigen Mittagspause. Ab 15.30 beginnt die Freistunde für die arbeitenden Gefangenen. Ihre Arbeitszeit und Freizeit verbringen die meisten Häftlinge gemeinsam. Ab 18 Uhr ist der Umschluss möglich. Also die Möglichkeit andere Häftlinge in ihrer Zelle zu besuchen. Bis 21.00 Uhr gibt es Freizeitangebote oder Hofgang. Um 22 Uhr beginnt die Nachtruhe.

Jeder Gefangene darf für mindestens eine Stunde im Monat Besuch von Verwandten oder Freunden empfangen. Der Luxus im Knast fängt mit „T" an: TV. Tabak. Telefon. Fernseher oder Fernsprecher sind begehrte Schnittstellen zur Außenwelt und Zigaretten eine heiß begehrte Währung. Privilegien muss man sich erarbeiten. Pünktlichkeit, Sozialverhalten und Ordnung werden belohnt. Der Zwang, auf Gewohnheiten verzichten zu müssen, verändert die Menschen hinter Gittern. Manche ziehen sich zurück.

Das Entlassungsloch.

Große Probleme beginnen für den Häftling mit seiner Entlassung. Vor allem, wenn ihm kein Bewährungshelfer zusteht. Betroffen sind die, die ihre Strafe vollständig abgesessen haben. Viele Entlassene haben Schulden Die Knastzeit steht in ihrer Biografie. Sie bekommen nur schwer Arbeit und eine Wohnung. Kommt ein Mann aus dem Milieu aus dem Knast, wird für ihn Geld gesammelt, damit erst einmal über die Runden kommt.

Banküberfall und Geiseldrama.

Hans-Jürgen Rösner, lange dünne Haare und Fusselbart, und sein Komplize Degowski halten im August 1988 Deutschland in Atem. Die beiden überfallen am 16. August eine Bank in Gladbeck. Der Bankraub missglückt. Sie nehmen zwei Bankangestellte als Geisel. Drei Tage lang flüchten Rösner und Degowski quer durch Deutschland, verfolgt von der Polizei und Journalisten. Das Geiseldrama erschüttert gewaltig, da sich die Polizei beklemmend zurückhält und viele Journalisten das Verbrechen gnadenlos ausschlachten. Mitten in Köln steigt sogar ein Reporter in das Auto der Entführer ein. Ein besonders verstörender Moment: Mit entschlossenem Blick und dem Lauf seiner Pistole im Mund sagt Rösner, er habe elf Jahre Knast hinter sich und: „Ich scheiß auf mein Leben".

In einem entführten Linienbus ermordet Degowski den 15-jährigen Italiener Emanuele De Giorgi. Der Verfolgungsjagd, die über Bremen, den Niederlanden und Köln geht, macht die Polizei nach drei Tagen auf der A3 Richtung Frankfurt mit Waffengewalt ein Ende. Dabei stirbt eine zweite Geisel, die 18-jährige Silke Bischoff.

Rösner und Degowksi werden 1991 zu lebenslanger Haft mit besonderer Schwere der Schuld verurteilt. Bei Rösner wird eine anschließende Sicherungsverwahrung verfügt. Es gäbe bei Rösner „ausgeprägt antisoziale und psychopathische Züge in seiner Persönlichkeitsstruktur". Es bestehe ein hohes Rückfallrisiko.

Von dem Verurteilten gehe weiterhin eine starke Gefährdung für die Allgemeinheit aus. Rösner verbringt etliche Jahre in Einzelhaft, verbringt außerhalb der Arbeitstage 23 Stunden auf der Zelle.

Wenn sich Bankräuber begegnen.

Gewalt gehört zum Alltag hinter Gittern. Und auch als sich Rösner und Ulli begegnen, bricht sie schnell aus. Ulli, schon ein paar Jahre dort, begegnet Rössler. Ihre kriminelle Vergangenheit müsste sie doch zusammenbringen. Ulli leitet mittlerweile einen Sportkurs in der JVA Aachen. Boxen für Anfänger. Rössler soll er Einzelunterricht geben. Ein Beamter, Leiter der Sportabteilung, stellt die beiden vor. Rössler kennt Ulli nicht. Aber Ulli weiß, was Rössler zu verantworten hat. Ulli erklärt Rössler die Regeln hier in seinem Kurs. Rössler provoziert immer wieder. Will sich nichts sagen lassen. Dann sein Spruch: „Wir sehen uns draußen". Diese Drohung kann Ulli nicht auf sich sitzen lassen. Rössler fliegt durch die halbe Turnhalle. Ullis Ohrfeige hat gesessen. Die erste Trainingseinheit ist damit beendet. Rössler beschwert sich beim sportlichen Leiter. Der hat Ulli zu dem Vorfall später nie angesprochen. Und Rössler erscheint auch nicht mehr zum Training. „Bankräuber ist eben nicht gleich Bankräuber", kommentiert das Ulli.

VOM KLINGELPÜTZ UND EINER STEILEN KARRIERE

HIN UND WEG

Im „Klingelpütz" wird „gekübelt".

Das Wort „Klingel" geht auf die Familie Clingelmann zurück, die einst Eigentümer des Geländes war, auf dem das Gefängnis gebaut wird. Das Kölsche Wort „Pütz" erinnert an das hochdeutsche Wort „Pfütze", gemeint ist damit ein Brunnen. Und Brunnen standen auf dem Gelände mehrere. So kommt es zu dem Namen „Klingelpütz". Der offizielle Name: „Neues Rheinisches Zentralgefängnis". Eröffnet im Oktober 1838. Es bietet Platz für rund 800 Gefangene. Das „Klingelpütz" ist umgeben von zwei Gefängnismauern. Die innere Mauer ist rund fünf Metern hoch, die äußere knapp über sechs Meter. Von oben betrachtet sieht das Mittelgebäude aus wie ein Achteck. Im „Klingelpütz" ist „Kübeln" an der Tagesordnung. So nennen es die Kölner Insassen. Alle Gefangene haben ein eisernes Gestell inklusive Kübel auf ihrer Zelle. Darin müssen sie ihre Notdurft verrichten, die morgens von eingeteilten Gefangenen abgeholt und entleert wird.

Mit der Verpflegung wird ähnlich verfahren. Wasserversorgung gibt es in den Zellen nicht. Für einen Knast eher außergewöhnlich pflegen die Insassen einen regen Kontakt untereinander.

Ehemalige Wärter erzählen, dass sich sonntags die größten Verbrecher zum Kirchgang gemeldet haben, um dort Tabak und Pornobildchen auszutauschen.

Zelle mit Aussicht. Winken und Rufen verboten.

Außergewöhnlich ist auch die Lage des „Klingelpütz". Der Ziegelsteinbau mit seinen drei Geschossen steht mitten in der Stadt. Für die angrenzenden Bewohner kein schöner Anblick. Die Innenstadtlage bietet den Knackis jedoch diverse Vorteile. Die Insassen können aus dem Knast heraus weiter ihre Geschäfte betreiben. Die Häftlinge können von ihrer Zelle problemlos mit Kollegen auf der Straße kommunizieren und konnten ihre Geschäfte so weiterhin regeln. Kein Zustand, der geduldet werden kann. So berichtet der erste Klingelpütz-Direktor dem Kölner Polizeichef, dass von einzelnen umliegenden Häusern, Verständigungen mit den Gefangenen durch Zeichen und Winken erfolgen.

Als die Gegenmaßnahmen nicht ausreichen, diese Kontakte zu verhindern, schlägt der Anstaltsleiter vor, ein Polizeigesetz zu erlassen, dass derartige Kommunikation unter Strafe stellen soll. Die Kölner Polizei ist nicht ernsthaft interessiert. Der Knast bleibt durchlässig. Und das geht in die Geschichte des Klingelpütz ein.

Knast-Promis.

Zu den bekanntesten Insassen gehört der Kölner Erzbischof Paulus Melchers. Er hatte Kritik an der päpstlichen Unfehlbarkeit geübt. Und der Serienmörder Peter Kürten, der „Vampir von Düsseldorf", der das Blut seiner Opfer trinkt.

Köln-Mülheim ist der erste Tatort von Kürten. Seinen ersten nachweisbaren Mord verübt er im Mai 1913 in Köln-Mülheim. Der Gastwirt vom „Zum Goldenen Roß" wohnt gleich über seiner Wirtschaft. Dort bricht Kürten ein. An Wertgegenständen findet er nichts. Als er auf die schlafende neunjährige Tochter Christine trifft, schneidet er ihr kurzerhand die Kehle durch".

Heinz Chapuis sitzt im zarten Alter von 15 Jahren seine Haft im Klingelpütz ab. Auch der „Dummse Tünn" sitzt und „kübelt" seit Dezember 1965 im Klingelpütz. Der damalige Kölner Kriminalrat Werner Haas frohlockt, die Inhaftierung sein eines der erfreulichsten Ereignisse des Jahres. Dumm ist zwar inhaftiert. Aber alles andere als isoliert von der Außenwelt. Bei aller Freude des Kriminalrates: Seinen Einfluss auf das Geschehen draußen übt Dumm weiterhin aus.

Hin und weg: Morsch und modrig.

Von 1960 bis 1969 schaffen es sage und schreibe 27 Häftlinge aus dem „Klingelpütz" zu türmen. Die Zahl der Ausbrecher ist für einen Knast ungewöhnlich hoch. Sie entspricht der Ausbrecher-Quote aller NRW-Gefängnisse und Zuchthäuser zusammen. 1968 seilen sich sieben Ganoven mit Bettlaken auf die Straße ab und fliehen in voller Gefängnismontur mit der Straßenbahn. Die Wände ihrer Zellen waren so morsch und modrig, dass die Knackis mit einem stinknormalen Löffel den Mörtel aus den Zellenwänden kratzen können. Und so nahezu problemlos die Backsteine entfernen können.

Bei einem anderen Ausbruch hortet eine Gruppe von Ganoven Schnüre. Sie verstecken sie unter einer Holzdiele in der Zelle. Als sie genug zusammen haben, bastelt sie daraus eine Strickleiter. Beim Hofgang werfen sie die Leiter über die äußere Mauer. Uns schon waren sie draußen. Die Polizei fängt die Flüchtigen allerdings schnell wieder ein.

Das Ende.

1969, nach rund 130 Jahren, liegt der Klingelpütz in seinen letzten Zügen. Wer unbedingt abhauen will, so geht die Hofparole unter den Gefangenen, muss sich sputen. Sonst ist das Sieb dicht.

Die letzte Flucht gelingt auf simple Art. Über einen Schmuggelkanal landet eine Säge, versteckt in einem Radio, in der Zelle von Theodor Frielingsdorf. Unbemerkt durchtrennen der Mordverdächtige und Komplizen die rostigen Gitterstäbe am Korridorfenster der 1. Etage. Dann warten die Ausbrecher geduldig ab, bis sich die Aufseher zum Unterricht begaben, um eine Lektion über den Umgang mit gefangenen Zeitgenossen zu büffeln.

Mit 240 Dynamitladungen jagt ein Sprengmeister am 11. Juni 1969 den Klingelpütz in die Luft.

JVA Ossendorf: „Schöner Wohnen".

Die neue Haftanstalt in Köln-Ossendorf nennen die Kölner weiterhin Klingelpütz. Im Winter 1968/1969 ziehen die ersten Gefangenen ein. Platz ist dort für rund tausend Häftlinge. Eine weit über einen Kilometer lange Mauer umgibt das Gefängnis. Fünf Meter ist sie hoch. Der neue „Klingelpütz" ist zehnmal so groß wie der alte. Und er hat einen Hochsicherheitstrakt.

Hin und weg: Das alte Lied.

1976 gelingt dem französischen Gangster-Boss Didier als erstem Häftling die Flucht. Dem Gefängnisdirektor schickt er eine Postkarte aus Paris. Für 25.000 Mark bietet er an, seinen Fluchtweg zu verraten. Im Februar 1985 zersägt der jugoslawische Räuber Adnan H. das Gitter seines Zellenfensters. Und buddelt sich in einen 25 Meter-Tunnel in die Freiheit. 1987 lassen sich vier Häftlinge bei der Knastarbeit in Kartons verpacken. Und lassen sich darin von einem LKW in die Freiheit fahren. 1988 seilt sich Geldfälscher André V. aus seinem Zellenfenster ab und überwindet die Gefängnismauer gleich neben einem der Wachtürme mit einem Enterhaken. 1989 gelingt dem Heavy-Metal-Musiker Detlef K. die Flucht. Er schabt wochenlang kleine Bröckchen aus dem bröckelnden Beton um dann das Stahlgitter vor seinem Fenster freizulegen. 1999 machen sich auch Bankräuber Andreas B. und sein Zellengenosse Barry I. auf den Weg: Sie verlassen ihre Zelle im Hafthaus 3 durch die zuvor durchgesägten Gitterstäbe. Dann geht's über die Dächer bis zum Dach des Haupteingangs. Nach einem Sprung aus sechs Meter Höhe sind sie raus aus dem neuen „Klingelpütz".

Knast-Promis.

Zu den bekanntesten Insassen gehören: der DDR-Spion Günter Guilleaume und seine Frau Christel, der Kindermörder Jürgen Bartsch. Unter den Promis auch der Schwergewichtsboxer und Schauspieler Norbert Gruppe, bekannter unter dem Pseudonym „Prinz von Homburg". Seine Trackliste: „Ghostbusters II" und „Stirb langsam".

Auch der Kunstfälscher Wolfgang Beltracchi nebst Ehefrau Helene sowie Beate Zschäpe, Kopf der rechtsterroristischen „NSU" sitzen in der JVA Ossendorf ein. Im Hochsicherheitstrakt gesperrt: die RAF-Terroristen Gudrun Ensslin, Andreas Bader, Ulrike Meinhof, Holger Meins und Jan-Carl Raspe.

Kölsche Insassen.

Knast-Repräsentanten des Kölschen Milieus sind: dort einsitzt, der „Lange Tünn", mit zweieinhalbjähriger Strafe Jahre einsitzt und „Schäfers Nas". Peter Frisch, der „Frischse Pitter", ist ihr letzter schillernder Vertreter. Mit 16 Jahren beginnt er als Zuhälter, mit 17 sitzt er im Klingelpütz, wegen Autodiebstahl.

Das Ende der JVA Ossendorf naht.

Die Tage der JVA sind nun auch gezählt. Die Mängel des Knasts sind vielfältig. Ein neuer muss her. Der Plan: Spätestens 2021 soll Baubeginn der neuen Justizvollzugsanstalt in Ossendorf sein. Auf dem Gelände der alten. Dafür wird eine Mauer durch das Gelände gezogen, die die Hafthäuser von der Baustelle trennt. Für die Zeit des Baus müssen rund die Hälfte der 1.200 Häftlinge in andere Justizvollzugsanstalten umziehen. Der komplexe Neubau soll rund 240 Millionen Euro kosten.

DROGEN IM MILIEU.
DROGEN IM KNAST.

„Et is fast wie fröher, doch ich muss noh Huus;
do fängt et an ze schneie, medden im August"

Brings

Drogen werden in.

Der alten Milieu-Garde sind Drogen noch fremd. „Schäfers
Nas" raucht nicht. Drogen hat er nie angerührt. Genauso wie
der „Dummse Tünn" nie Kontakt mit Drogen hatte. Die zweite
Generation, die folgte, ist anders. Drogen sind bei ihnen kein
Tabu. Tabu ist nur die Langeweile. Tabu ist der Alltag und alles
Alltägliche. Mit der Normalität können sie sich nicht versöhnen.
Der kollektive Rausch ist ihr Ideal. Der Exzess der Moment der
wahren Empfindung. Sie besaufen sich, nehmen Tabletten, Dro-
gen. Sie sind süchtig nach einem Leben ohne Grenzen.

Captagon.

Anfang der 60er Jahre bringt der deutsche Degussa-Konzern
„Captagon" auf den Markt. Ein Medikament gegen ADHS und
Depression. Der Beipackzettel preist die „zentral anregende
Wirkung" der Kapseln an. Das geht an den Verbrauchern nicht
vorbei. Und am Milieu auch nicht. Das amphetaminhaltige Auf-
putschmittel macht euphorisch, verdrängt Angst und Müdigkeit.
Und genau das macht die Kapsel so populär.

Auch „Abels Män" greift gerne mal auf sie zurück. Das hat ihn
über die Jahre ziemlich zugelegt, so seine Halbschwester. Die
Siege des „FC Johnny" gehen sicherlich auch auf die Kappe von
Flohe. Aber auch auf den Einsatz von „Captagon" zurück. „Du
konntest laufen, laufen, laufen", so berichtet der Dicke Johnny

die Wirkung des Aufputschmittels, der als Außenverteidiger sein Unwesen treibt. Johnny: „Verkauft haben es die Toilettenfrauen in jeder Disco. 5 Mark eine Kapsel". Auch im Profifußball wird „Captagon" eingesetzt. Der Bundesligatrainer Peter Neururer berichtet über den verbreiteten Konsum Ende der 1980er Jahre. Bis zu 50 Prozent der Profifußballer haben es genommen, sagt er. Auch Nationaltorwart Toni Schumacher dokumentiert in seinem Buch „Anpfiff" diesen Missbrauch. Das Suchtpotential von „Captagon" ist riesig. Anfang der achtziger Jahre wird es in Deutschland verboten.

„Wer sich an die 80er erinnern kann,
hat sie nicht miterlebt"
Falco

Koks.

In de 80ern kommt das Kokain auf. Wird zur Modedroge. Und dann zum Standard in der Szene. 1993 kommt das „Klein Köln" in Verruf. Dort soll mit Koks gedealt werden. „Drogenhölle Klein Köln" schreibt der EXPRESS. Die Kneipe wird für zwei Wochen geschlossen. Doch dann dürfen die Besitzer weitermachen. Die Polizei glaubt ihnen, dass sie nichts von den Drogengeschäften gewusst haben.

Drogen im Knast.

Der Knast ist eine merkwürdige Welt. Redet man mit EX-Häftlingen, wird das immer wieder deutlich. Im Gefängnis ist alles erhältlich, Rauschgifte, Waffen, Schnaps und ein Kommunikationsnetz, das besser funktioniert als bei der Telekom.

Im Klingepütz damals sind Drogen ein großes Problem. In vielen deutschen Gefängnissen ist es heute noch immer so. Viele Inhaftierten sind süchtig. In den Knast kommen die Drogen nach Ausgängen und Urlauben, werden dann in Körperöffnungen von

Gefangenen oder Besuchern versteckt. Drogen werden in Baby-
windeln und BHs geschmuggelt. Selbst Anwälte, Friseure und
Beschäftigte der Haftanstalten werden beim Drogenschmuggel
enttarnt. Oft kommt es vor, dass diese Kuriere es unfreiwillig
tun, von den Insassen erpresst werden. Häufig werden auch mit
Drogen gefüllte Tennisbälle über die Gefängnismauern in die
Innenhöfe geworfen.

Die Häftlinge haben vor allem eines: Zeit. Sitzen sie allein oder
zu zweit in ihrer Zelle, können sie ihre Kreativität voll entfal-
ten. Nicht nur was das den Drogenschmuggel angeht haben die
Häftlinge großes Improvisationstalent. Auch wenn es ums Verstecken der verbotenen Stoffe geht, sind sie fantasiereich. Viele
Ecken in den Zellen können als Versteck dienen. Ein Stuhlbein
kann man aushöhlen. Den Schrank mit einem doppelten Boden
ausstatten. Hinter den Toilettenkacheln kann man Hohlräume
schaffen. Der Hohlraum eines Rasierpinsels oder eines Buches
kann als Versteck dienen.

Das Drogengeschäft im Knast kommt einem Basar gleich, erzählen die Ex-Häftlinge. Im Knast sind mehr Drogen im Umlauf
als auf jeder Partymeile. Man kann gutes Geld verdienen mit
der Hehlerei. Die Drogenpreise hinter Gittern sind oft doppelt
bis zehn Mal so hoch wie Draußen. Es gibt alles: Haschisch,
Marihuana, Koks und Heroin.

Drogen gibt es nicht nur in den Knästen. Mit den Jahren wird
auch das Kölner Milieu damit überschwemmt. Und der Absatz-
markt wird noch größer. Und es tut sich eine neue Geschäftswelt
auf. Und zwar eine grenzenlose.

EIN SCHRÄGER VOGEL.

„Und die einen sind im Dunkeln
und die anderen sind im Licht,
doch man sieht nur die im Lichte,
die im Dunkeln sieht man nicht"
Macky Messer

Es ist Freitag, 11. Oktober 2019. Johnny und ich treffen uns im „Grünen Eck". Wir überlegten, uns vorher zu besprechen, bevor es auf mein erstes Milieutreffen in großer Runde geht. Johnny hat Gastronomie-Vergangenheit. In den 80ern betrieb er „Em drügge Pitter" auf der Venloer Straße. Auch gleich gegenüber vom Grünen Eck hatte er eine Kneipe. „Beim Dicken Johnny" traf sich das alte Milieu regelmäßig. Die Kneipe musste Johnny im März 2018 schließen.

Der neue Hausbesitzer, der hier zwei Häuser gekauft hat, will keine Gastronomie mehr im Ladenlokal. An der Ecke Palmstraße 33, wo Johnnys Kneipe war, stand nach dem Zweiten Weltkrieg immer eine Kneipe, jahrzehntelang auch die nostalgische Gaststätte „Palms Pief". Jetzt ist da Schluss mit Gastronomie.

Grünes Eck.

Johnny war auch mal Mitbetreiber vom Grünen Eck. Sieben Jahre lang zusammen mit Roger Wittlers. Das ist ein paar Jahre her. Einen guten Ruf genießt das „Grünes Eck" mittlerweile nicht gerade. Die „Hells Angels" sollen sich hier öfters treffen. Natürlich beunruhigt das die Anwohner. Roger Wittlers, einer von drei Betreibern des „Grünen Eck" kann die Skepsis verstehen. „Ich war anfangs auch erschreckt von dem Erscheinungsbild, als da 50 Rocker vor der Tür standen. Aber die Erfahrung hat gezeigt: Die verursachen keinen Ärger, bedrohen und belästigen niemanden". Wenn Johnny von der Zeit erzählt, als er seine Kneipe da noch hatte, klingt das so: „Bei uns an der Ecke war immer gut was los. Gute Stimmung. Ärger gab es nur selten"

Einem Polizeibericht zur Folge, gab es an der Palmstraße Ecke Friesenstraße, also da wo Johnnys Kneipe war, gegenüber vom „Grünen Eck", in 2018 ganze 121 Einsätze. Das sind pro Monat rund zehn Einsätze. Beide Kneipen haben einmal die Woche Ruhetag. Was Ärger ist, kann durchaus Ansichtssache sein.

Hubertus Klause.

Nach einer kurzen Einführung in den heutigen Abend geht es dann mit dem Taxi zur „Hubertus Klause" in Oberaußem, einem Stadtteil der Stadt Bergheim. Zu dieser Gemeinde gehörte auch der Ortsteil Fortuna, der einem Braunkohletagebau weichen musste und dessen Einwohner deshalb umgesiedelt wurden. Man mag es kaum glauben, Oberaußem fand Eingang in die Weltliteratur. Im Roman „Die Blechtrommel" schildert Literaturnobelpreisträger Günter Grass, der nach dem Zweiten Weltkrieg kurze Zeit im Ort wohnte, die Aussicht vom Alten Friedhof auf das Kraftwerk Fortuna.

Hier und heute ist also mein erstes Treffen mit dem Milieu in großer Runde.

Johnny und ich kommen in die Eckkneipe. Der letzte Tisch hinten in der Ecke ist voll besetzt. 10 ältere Herren am Tisch. Einige wirken noch richtig jugendlich. Die Männer am Tisch sehen aus wie stinknormale Kleinbürger. Ich kenne keinen von ihnen. Ich weiß nur, keiner von ihnen ist ein sogenannter Kleinbürger. Hier sitzen zehn gestandene Kerle, die einiges erlebt haben. Später werde ich einmal ausrechnen wie viele Jahre Knasterfahrung an dem Tisch saßen: 42 Jahre. Sie essen deftig, trinken und sprechen Kölsch, reden über Gott und die Welt. Wie man es halt an Stammtischen tut.

Die deutsche Polizei nimmt pro Jahr rund sechs Millionen Straftaten in ihre Akten auf. Also rund 17.000 täglich, rund 12 pro Minute. Über viele begangene Verbrechen erfahren wir tagtäglich aus den Medien. Darüber wie diese Verbrechen in den Köpfen der Verbrecher entstehen, wo sie wirklich anfangen, darüber erfahren wir so gut wie gar nichts. Sicherlich nehmen viele ihren Anfang in solchen Männerrunden wie dieser.

Small Talk mit Milieu-Größen.

Im Laufe des Abends spreche mit einigen. Small Talk mit Milieu-Größen, die die Medien immer gescheut haben. Es ist außergewöhnlich charmant, wie sie mit mir reden. Sie haben einfach Charisma. Selbst wenn man sich davor scheut, man ist ihm schnell verfallen. Rhetorisch haben sie was drauf. Sie sind voller kreativer Intelligenz. Manchmal trägt sie auffällig manipulative Züge. Im Umgang miteinander sind sie ganz anders. Dann verhalten sie sich oft wie unerzogene, pubertäre Flegel. Schnell wird deutlich: Sie können sich benehmen. Aber sie können auch anders. Insbesondere diese Ambivalenz macht den Abend sehr spannend. Es liegt wohl auch am Kölsch, das manchmal ihre rohen Seiten hervor spült. Darüber wundere ich mich aber weniger. Die findet man doch überall, täglich auf der Straße, gerade hier in Köln. Was aber immer wieder, fast rätselhaft hervorbricht, ist ihre sanfte Gutmütigkeit.

Leider löst sich die Runde sehr schnell auf. Kurz vor Mitternacht sitzen wir nur noch zu dritt am Tisch. Johnny links neben mir. Mir gegenüber Vogels Män. Es ist laut in der Kneipe. Plötzlich füllt eine Karnevalsgesellschaft die Eckkneipe. Eine Polonäse geht durch den Saal. „Da simmer dabei! Dat is prima! Viva Colonia! Wir lieben dat Leben, die Liebe und die Lust! Wir glauben an den lieben Gott und ham uch immer Durscht!" Es ist nicht ganz einfach bei dem Getöse, Vogels Män zu verstehen. Bin mir nicht einmal sicher, ob ich seinen Namen richtig verstanden habe. Egal. Auf jeden Fall: Eine Milieugröße war er, wie der „Dicke Johnny" mir vor dem Treffen erzählte. Und ich denke, er ist es noch. So wirkt er auf mich. Er ist ein stattlicher Kerl, dieser Vogels Män, ein unterhaltsamer Erzähler. Und zu meiner großen Freude, gibt er einige Anekdoten preis. Johnny und er scheinen sich schon lange zu kennen. Während unserer Unterhaltung setzt sich kurz einer seiner Söhne an den Tisch. Ein netter Kerl. Er ist sein Stiefsohn. Ich erfahre, dass Vogels Män auch noch einen leiblichen Sohn hat. Auch ein CDU-Politiker des Dorfes gesellt sich kurz zu uns. Er erzählt von einem gemeinsamen Partyerlebnis mit Vogels Män. Einer Razzia, bei der seine Frau verhaftet wird. Sie hatte drei Autoschlüssel in ihrer Tasche. Grund genug für die Polizisten, sie mit auf die Wache zu nehmen. Der Gedanke, dass eine Familie drei Autos besitzt, scheint den Polizisten fern zu liegen. Es ist aber die Wahrheit. Warum es zu dieser Razzia überhaupt kam, hinterfrage ich nicht. Irgendwie scheint mir das fehl am Platz, die Perspektive der polizeilichen Ermittlerrolle einzunehmen.

Die Frau von Vogels Män ist Besitzerin der Hubertus Klause. Seit 42 Jahren sind sie verheiratet. Die „Rubinhochzeit", ihr vierzigstes Jubiläumsjahr hat er vergessen. Sie auch. Er lacht.

In den alten Zeiten, in den 60er, so berichtet er, sind Waffen verpönt. Das sagen sie alle über die alten Zeiten. Kämpfe wurden mit der Faust ausgetragen. Wenn jemand am Boden lag, war Schluss. „Die Waffen kamen mit den Österreichern", sagt Vogels Män. Keine Ahnung, was er damit meint. Der Mann scheint sich aber ziemlich gut auszukennen. Während unserer Plauderei, ich frage ihn Löcher in den Bauch, krempelt er sich die Hemdsärmel hoch. Ein Teil seines Unterarm-Tattoos ist zu sehen. Ich erkenne zwei Buchstaben: Ein „H" und ein „E". Mein erster Gedanke: Vielleicht gibt es eine Gemeinsamkeit zwischen uns. Mein Sohn heißt Henry. Seiner vielleicht auch. Ist ja nicht ganz unüblich, sich den Namen seines Kindes stechen zu lassen. Aber ich will ihn nicht unterbrechen. Die Namen unserer Kinder sind nebensächlich. Später denke ich anders darüber.
Er bestellt schon wieder Schnäpse. Es ist mein vierter mittlerweile. Oder der fünfte. „Mittler" heißt der Schnaps des Hauses. Schmeckt süffig wie Jägermeister. Er hebt den Arm, lächelt

hinüber zu seiner Frau, um die Bestellung klar zu machen. Sie lächelt von hinter der Theke zurück. Mein Blick streift über seinen Arm. Sein Tattoo liegt nun frei: „Hells Angels". Das ist sicherlich nicht der Name seines Sohnes. Eine Art Übersprunghandlung führt mich wohl dazu, dass ich mich nach dem Namen seines leiblichen Sohnes erkundige, während ich sein Tattoo mustere. Ich frage dann noch mal nach, will sicher gehen, dass ich mich nicht verhört habe. Habe ich nicht. Pierre ist der Name seines Sohnes. Pierre Vogel. Die Musik pausiert gerade.

Und langsam dämmert es mir dann. Vogels Män ist Walter Vogel. Er ist ein „Hells Angel". Sein Sohn Pierre ist der berühmt-berüchtigte Salafist. Wohlbekannt aus den Medien. Manche nennen ihn einen Hassprediger. Früher war er mal Boxer. Der jüngste Profiboxer Deutschlands. Ein Karriere-Sportler. Die Boxhandschuhe hat er aus religiöser Überzeugung an den Nagel gehängt.

Ein Schnaps geht aber noch.

Ich musste das erst einmal sacken lassen. Also: Vogels Män, ein Kind des Kölner Milieus, der Typ mit dem ich nun schon den ganzen Abend trinke, ist ein „Hells Angel".
Er ist Chef des Mönchengladbacher „Hells Angels"-Charters MG City. Ob das nicht schon krass genug ist. Zudem ist er der Vater von Salafist Pierre Vogel. Wie, bitte schön, passt das das denn zusammen? Das Kölsche Milieu treibt seltsame Blüten.
Ich erinnere mich daran, dass Pierre Vogel als eine Art Wanderprediger durch Deutschland zog. Er nannte es „Eroberungsfeldzug der Herzen". Er ist sowas wie ein Popstar unter den deutschen Salafisten. Ich erfahre von seinem Vater, dass sein Sohn, der Konvertit, sich nun Abu Hamza nennt. Bei seinem Wanderpredigten wirbt er für eine andere Gesellschaft. Für eine Rechtsordnung, die ganz anders ist als unsere, nach den Regeln der Scharia. Für die deutschen Behörden gilt Pierre Vogel als gefährlicher Mann. Für sie ist der Kölner ein Advokat der Parallel-Gesellschaft radikaler Muslime.

Im Fernsehen habe ich gesehen, wie er einen Mann aus dem Publikum auf die Bühne holt und ihn zum Islam bekehrt hat. Auch der war ein Hells Angel, wie sein Vater. Der Stern schrieb: „Nur dessen Tattoos erinnern noch an seine Vergangenheit". Er wird vom Verfassungsschutz beobachtet. Erfahre ich. Vielleicht eine der wenigen Gemeinsamkeiten, die er mit seinem Vater hat. Diesen spöttischen Gedanken, verwerfe ich ganz schnell wieder. Mir ist der Vogels Män einfach zu sympathisch. Und jetzt gerade rede ich mit einem Vater, so wie ich es bin, nicht mit einem „Hells Angel". Sein Sohn ist unglaublichen Gefahren ausgesetzt. Denn unter den radikalen Muslimen gilt er als Abtrünniger, weil er im Westen lebt und diesen nicht mit Feuer und Schwert bekämpft. Für sie ist Pierre Vogel ein „Kuffar", ein Ungläubiger, ein Abtrünniger, lerne ich. Deshalb haben die radikalen Muslime ihn zum Tode verurteilt. Pierre Vogel muss um sein Leben fürchten. Und Walter Vogel fürchtet sich um das Leben seines Sohnes, den Ex-Boxer.

Wir haben dann noch viel über Erziehung gesprochen. Es menschelt natürlich gewaltig, wenn man so von Vater zu Vater spricht. Und ich dachte, vielleicht ist es nur eine Laune der Natur gewesen, was da passiert ist in der Familie Vogel. Und dass es womöglich gar nicht so bemerkenswert oder gar merkwürdig ist. Aber mit diesem Gedankengang wollte ich mich dann doch nicht zufriedengeben.

Um der Wahrheit auf die Spur zu kommen, habe ich dann einen Trick aus dem Boxsport angewendet. Davon habe ich zwar noch weniger Ahnung als von Erziehung, aber Muhammad Ali kenne ich. Auch die Beschreibung seines legendären, leichtfüßigen Kampstils: „Schwebe wie ein Schmetterling, stich wie eine Biene". In Anlehnung an Alis Stil wollte ich nun Walter angreifend umtänzeln, ihn mit einem gezielten Haken verbal herausfordern.

Was mich da geritten hat, weiß ich nicht mehr genau. In der Medizin spricht man von einem leichten Rausch (0,5 bis 1,4 Promille), wenn man risikobereiter ist als üblich, wenn man sich maßlos überschätzt. Das dürfte eine Entschuldigung sein.

Was ist denn da in Eurer Erziehung schiefgelaufen, frage ich Walter. Der Papa bei den Angels, der Sohn ein Salafist. Da stimmt doch was nicht, oder? Mein verbaler Haken lässt Walter ins Leere laufen. Er lächelt milde. Er ist stolz auf seinen Sohn. Er hat einen spirituellen Weg gesucht. Und er hat ihn gefunden. Seine Entscheidung! Mit Religion habe er nie viel am Kopf gehabt. Zudem habe er viel von seinem Sohn gelernt. Und er würde über Fremde mittlerweile ganz anders denken. Das war mal ganz anders. Ich wollte mich mit dieser Antwort nicht ganz zufriedengeben. Gäbe es nichts, was er bereue? Doch antwortet Walter, dass Pierre mit dem Boxen aufgehört habe.

Karl Valentin, der Münchener Komiker und Volkssänger, hat mal gesagt: „Wir können Kinder nicht erziehen, die machen uns doch eh alles nach." Ich bin ein großer Verehrer von ihm. Aber bei der Familie Vogel liegt er ganz schön daneben.

ICH LIEBE DIE LIEBE, DIE ES NICHT GIBT

„Ich liebe die fremden Schenken im Schnee.
Ich liebe den billigen Wein, der betrübt.
Ich liebe die endlose Pilgerchaussee.
Ich liebe die Liebe, die es nicht gibt"
Otto Tetjus Tügel

Vom Tisch sieht man den Heinzelmännchen-Brunnen und das Treiben im Biergarten. Unter den Gästen gibt es keine Kategorie, die es nicht gibt. Hipster würden viele in einem traditionellen Kölner Brauhaus sicherlich nicht erwarten. Aber auch die gibt es hier. Sie tragen Brillen mit großem Rahmen, Salafisten-Bärte, enge Jeans, Baumwollbeutel und Coolness-Zwang. Wir sitzen an einem blank gescheuerten Holztisch, in der Glockenstube im „Früh am Dom". Die Ex-Nutte Heike, die ehemalige Puffmutter Jasmin, die Türsteher Legende „Der Dicke Johnny", der Bankräuber Harry, und die beiden einstigen „Schäfers Nas"-Komplizen Ulli und Peter. In der Runde stelle ich ihnen mein Buch vor. Als Dankeschön geht der Abend auf mich.

Er entwickelt sich ganz anders, als ich dachte. In der Runde kommen viele Themen auf. Die unschuldige Amoralität der Jungs aus dem Milieu. Die Welt, die aufgeteilt ist in Arme und Reiche, in Gangster und Polizisten, in gute und schlechte Menschen. Manchmal herrschen brutale Ideologien. Stammtischübliche, billige Plattitüden, metaphysisches Geschwafel, fragwürdige Postulate, und handfester Quatsch. Vieles, was nicht erwähnenswert ist, aber einiges, was durchaus erinnerungswürdig ist.

Über die Arbeit.

Er ist unglaublich sympathisch. Und er wirbelt gerne Staub auf. Harry ist einer von den Typen, die auf langweiligen Partys in der Küche stehen und alle unterhält. Es gibt viele Varianten sich daneben zu benehmen, er kennt sie alle. Dieses Pflichtgefühl sei ihm schon immer fremd gewesen, einem geregelten Job nachzugehen. Fleißig zu arbeiten, habe er nie für bewundernswert gehalten. „Nach Hause zu kommen, wie ein Frettchen zu stinken, das war nie mein Ding", sagt er während er sich dabei eine Zigarette dreht. Arbeit sei organisierte Heuchelei. Man werde mit der Hoffnung hingehalten auf einen Menge Geld oder Ruhm. Am Ende bekommt man beides nicht. „Die Welt ist korrupt. Jeder, der ehrlich sein Geld verdient, ist entweder ein sentimentaler Esel oder einfach nur ein Trottel". Bevor ich mir eine Meinung zu Harrys Ideologie gemacht habe, tritt er mit seiner selbstgedrehten Zigarette im Mund, einem sorglosen und einer nachlässig abwehrenden Handbewegung ab. Geht raus zum Rauchen. Ich bin hin und her gerissen. Ist das nun eine brillante Analyse oder nur eleganter Unsinn? Und ist ein Bankraub wirklich die einzige Alternative?

Über die Liebe.

Der braune Pony hängt ihr tief ins Gesicht Ein markanter Lidstrich umrahmt ihre Augen. Heike ist nur noch selten in Köln. Sie erkundigt sich beim Köbes, welchen Wein es gibt: „Rut und Wiess! Wenn ich zosamme kipp och ä Rose." Damals sagt sie, hatte sie eine Schwäche für die Jungs aus dem Milieu. Die haben ihr imponiert. Sie waren ein Gegenentwurf zu ihrer spießigen Familie und auch sonst zu allem, was sie bis dahin erlebt hatte.

Die Typen aus dem Milieu waren sowas wie Piraten. Wie die Piraten, die sie damals an verregneten Sonntagen in den Filmen bewundert hat. Auch die haben sie in eine andere Welt entführt. „Ja, die Jungs aus dem Milieu waren wie Piraten. Übermutige, wilde Rabauken, die das Abenteuer liebten. Sie konnten sich verlassen aufeinander, lebten nach ihren eigenen Gesetzen. Und ich die naive, ahnungslose Landratte, verliebt über beide Ohren. Deshalb bin ich ins Milieu geraten und habe angeschafft. Auch wenn ich heute manchmal wütend über mich bin. Alles habe ich aus Liebe getan. Ich konnte gar nicht anders. Was Männer angeht, gab es in meinen Leben ein konstantes Muster", schmunzelt sie. „Ich hatte immer ein gutes Gespür dafür, genau im falschen Moment, mich in den falschen Kerl zu verlieben". Liebe fragt nicht. Liebe ist die Antwort. Die Lösung. Liebe ist alles. Amen. Alles Unsinn. Liebe ist nichts, wenn sie nicht noch mehr im Schlepptau hat. Wie Respekt und Vertrauen. Die Liebe allein ist nur ein mieser Kit.

„Frag mal eine Frau, die einen Zuhälter liebt, der sie schlecht behandelt. Frag, warum sie ihn nicht verlässt. Weil sie ihn liebt. Ganz schön übel, diese Liebe, oder?". Der Liebe ist es egal, ob wir an jemanden geraten, der auf uns scheißt. Es hat ein wenig gebraucht, aber jetzt weiß sie. „Liebe kann ein Miststück sein".

Über damals.

Es gab zwei Seiten Kölns. Oben war die Fassade, die sauber gekehrten Straßen mit ihren Luxusgeschäften. Genau wie die Stadt unterirdische Kanalanlagen hat, in denen der Schmutz geleitet wird, gab es die Bordelle, in denen sich das nächtliche Leben abspielte. Wie viele Prostituierte abends unterwegs waren, kann man sich heute kaum mehr vorstellen. Heute sind sie so selten zu sehen wie Pferde auf der Straße. „Es war schwerer ihnen auszuweichen, als sie zu finden", sagt Jasmin.

Alles spielte sich in der Nacht ab. Irgendwie war es geheimnisvoll. Auf jeden Fall geheimnisvoller als heute. Die Welt ist eine andere geworden. Heute ist alles selbstverständlicher und unbekümmerter. Vielleicht ist dadurch auch was verlorengegangen. „Dieser Schauer des Verborgenen, der die Lust doch irgendwie auch geheimnisvoll steigert".

Über das Glück.

Peter schaut sich entspannt das Treiben im Brauhaus an. Er sei ein Herdentier, sagt er. Er geht gerne unter Leute. Er lebt allein. Seine Frau ist vor ein paar Jahren gestorben. Sie hatte Krebs. „Meine Frau holt mir keiner mehr zurück. Aber Reden hilft. Manchmal sogar, über ihren Tod hinwegzukommen." Er trägt eine Brille und einen Bauchansatz, den er unter der Weste und seinem weißen Hemd verbirgt. Manchmal lächelt er mich mit seinen tiefbraunen Augen an. Er redet ruhig und gelassen. Mit gleichmäßiger Stimme wägt er seine Worte ab. Ein schlauer Kerl. Ein zynischer Typ, der mit allen Wassern gewaschen ist. Im Kern ist er ein sentimentaler Mann. Einer der seltenen Menschen, der über sich hinausdenkt. „Glück ist ein trauriges Wort", sagt er. Es mache ihn gleich depressiv. In dem Moment, da wir Glück sagen, oder auch nur denken, ist es schon lange fort. Sobald wir versuchen, es zu fassen, wird es uns entwischen. „Es ist, als jage man ein Gespenst".

Über einen mörderischen Monolog.

Auf dem Weg zur Toilette bahne ich mir einen Weg durch das Gewühl an der Theke. Plötzlich legt sich mir eine Hand aufdringlich auf die Schulter. Zwei Augen schauen mich genauso aufdringlich an. Der halbglatzköpfige, graumelierte Anzugträger kommt aus einer Welt, die ich hinter mir gelassen habe.

Er ist der Chef des TV-Senders, für den ich noch bis vor rund zwei Jahren gearbeitet habe. Typ: Gesichtslos, funktionaler Denkbeamter. Ich versuche mich mit ihm auf eine Plauderei einzulassen. Aber er strudelt in einen feierlichen, exhibitionistischen Monolog. Wie wichtig er sich, sein kümmerliches Leben und seinen Job nimmt.

Seine stupide Langeweile macht mich aggressiv und lässt mich über Lynchjustiz fantasieren. Ich kann nicht anders, als ihm inmitten seiner Predigt zum Abschied meine Hand zu geben. Dabei spüre ich den sanften Druck eines feuchten Waschlappens.

Mich von ihm zu verabschieden, ist eine überlebenswichtige
Entscheidung. Denn alles, was er sagt, hat eine lähmende Wirkung auf mich. An seinen Floskeln und Allgemeinplätzen drohe
ich zu ersticken.

„Wo gehn wir denn hin?
Immer nach Hause"
Novalis

Über das Ende jeder Reise.

Ulli erzählt die Geschichte, wie er „Schäfers Nas" mit dem
Rolls Royce aus dem Knast abgeholt hat. Wie er den Diener für
ihn spielen sollte. Sich zum Gruß devot vor ihm verbeugte, als
Schäfer aus der Pforte des Knasts schritt. Heike erinnere das an
die Fernsehserie „Graf Yoster". Das war damals ihre Lieblings-
serie. „Schäfer hat den Yoster gespielt. Und Ulli, Du warst der
Johann für ihn". „Graf Yoster" lief damals auf der ARD. Ende
der 60er Jahre. Lukas Amman spielte den Graf Yoster, einen vornehmen Herrn mit weißen Schläfen, klassischen Anzügen und
einem hellwachen Hirn. Yoster schriebt Krimis und wurde von
Folge zu Folge auch in echte Verbrechen verwickelt.

An der Seite des Adeligen war immer sein bodenständiger,
schnoddriger Diener, gespielt von Wolfgang Völz. Der mehrfach
vorbestrafte Johann unterstützte und beschützte den Grafen. Ich
habe eine versnobte Bewunderung fürs nutzlose Wissen. Und mal
wieder überrascht mich Heike. Sie fragt in die Runde, ob sich
noch jemand daran erinnere, wie das Ende jeder Folge war. Nur
Heike weiß es: „Wohin, Herr Graf?" – „Nach Hause, Johann."

Übers Weitertrinken.

„Wir harten Jungs sind doch alle hoffnungslos sentimental"
Raymond Chandler

Nun sind sie alle fort. Johnny und ich gehen ins „Grüne Eck". Und trinken weiter. In Österreich wurden die Prostituierten „Strichmädchen" genannt. Die Bürgersteige waren von der Polizei mit einem unsichtbaren Strich abgegrenzt, auf dem die Mädchen laufen durften, lerne ich von Johnny. Er saß in Salzburg in U-Haft. 11 Monate wegen Kreditkartebetrugs. Der Knast stand unter Denkmalschutz. Im Essen waren manchmal Kakerlaken. An was er sich am meisten erinnere? „An diesen Geruch. Eine Mischung aus Bohnerwachs und Eintopf". Genauer gesagt, saß Johnny 11 Monate und 2 Tage ein. Denn als seine Frau ihn abholt, hat sie seinen Personalausweis vergessen. Er spricht immer von seiner Frau. Auch wenn sie gar nicht verheiratet sind. Er hat sich immer als freier Mann gefühlt. Sie stand immer an seiner Seite. Die Sicherheit, die ihm seine Frau gab, war ihm wichtig. Eine widersprüchliche Gleichzeitigkeit. Sie hat das alles erduldet und mitgemacht. „Deshalb liebe ich sie", sagt Johnny.

Heute pfeife ich mal auf meine Skepsis, lasse das einfach mal so stehen. Was kann man über die Liebe schon sagen, ohne dabei an einem Abgrund von Schmalz und Sentimentalität entlang zu torkeln. Am Ende triumphiert wohl immer der Kitsch. Und was ist verkehrt daran? Heute Nacht wird nichts mehr passieren. Und irgendwann wird Johnny die Hoffnung aufs große Geld aus dem Spielautomaten sicherlich auch aufgeben. Solange wir beide hier sitzen, ist die Nacht noch nicht vorbei. Die Sonne wird morgen wieder aufgehen. Es ist nur eine Hypothese. Aber irgendwie bin ich mir da sicher.

Über den Morgen danach.

Ein sommerlicher Morgen. Langsam werde ich wach. Es ist, wie wenn es hell wird im Kino. Und man ungläubig in die Wirklichkeit guckt. Ich schaue auf den Wecker. Dann über die Decke, die vor mir liegt. Weiß, wie der neue Winter. Ein sanfter Luftzug streicht über mein Gesicht. Fast lautlos summt der Ventilator. Seine Blätter drehen sich mutlos im Kreis. Lisa liegt neben mir. Wie schön sie anzuschauen ist. Lisa. Sie schläft. Ich bin gerührt und erschaudert. Wie sie in kindischer Unschuld neben mir liegt. Voller tiefem Vertrauen. Ein bezauberndes und unverdientes Geschenk. Ich wünschte, sie würde nie erwachen. Aber sie wird erwachen. Früher oder später. Ich steige vorsichtig aus dem Bett und gehe ins Bad.

NACHWORT

*„Wahrlich, keiner ist weise, der nicht das Dunkel kennt,
das unentrinnbar und leise, von allen ihn trennt"*
Hermann Hesse: Im Nebel

Der Dom ragt noch immer heraus wie eine letzte mahnende Insel. Und noch immer quält sich ein dichter Strom von Autos durch die Kölner Innenstadt. Und trotz aller Modernität: Die Kölschen Traditionen und der Kölsche Tonfall ist auch in unserer Zeit noch immer quicklebendig.

Der Reiz der Verbrecherwelt. Verbotene Sympathie.

Das Verbrechen, das Dunkle im Menschen, zieht uns an. Denken wir nur an die vielen Krimiserien im TV und die Gangster-Filme im Kino. Das Krimi-Genre dominiert das Fernsehen und auch die Kinolandschaft. Die Banditen sind das Salz in der Suppe. Wir wollen verstehen, warum sie die zivilisatorischen Grenzen überschreiten. Wie es dazu gekommen ist. Die gesetzlosen Machenschaften dieser Ganoven haben auch eine geheimnisvolle, faszinierende Facette. Verbrechen und Gewalt schrecken uns ab. Aber in die Abgründe dieser Gaunerseelen zu schauen, verleiht uns auch einen schrecklich-schönen Schauer. Wie schnell sind wir gefangen vom ästhetischen Reiz des Bösen und von der schillernden Seite dieses menschlichen Schattens. Und wir wissen, in uns allen haust eine solche verborgene Seite.

Und wir erschrecken uns manchmal vor uns selber, wenn sie in uns aufsteigt. „Jeder Mensch ist ein Abgrund; es schwindelt einem, wenn man hinabsieht", heißt es in Büchners Woyzeck. Das Böse lauert in jedem von uns. Wir wissen um die Macht der Gier nach Geld, Liebe und Anerkennung. In die Abgründe zu schauen, hinter die Fassade zu blicken, fasziniert uns, weil wir so verstehen, was auch uns ausmacht.

Die Männer des Kölschen Milieus leben nicht außerhalb der Gesellschaft, sondern mittendrin. Sie sind keine Außerirdischen, die von einem anderen Planeten kommen. Dass sie zu Gaunern werden, hat vielerlei Gründe. Manchmal denke ich, dass ich es nicht geworden bin, ist womöglich gar nicht so sehr mein eigener Verdienst. Sondern ich habe einfach nur Glück gehabt.

Zwangsläufigkeit.

Kommt man den Gaunern so nah, neigt man sehr schnell dazu, verständnisvoll für ihre Taten zu sein. Man begreift, wie es zu bestimmten Taten kommen konnte. Auch wenn ihre Verbrechen oft intellektuell nicht einsichtig sind, umso häufiger sind sie emotional nachvollziehbar. Versteht man die Geschichte hinter der Tat, versteht man die Tat. Erschreckend ist manchmal zu sehen, dass es fast eine Einbahnstraße ist, die zum Verbrechen geführt hat. Es gab keine Abzweigung. Irgendwie scheint es fast, dass es zwangsläufig zu dem Verbrechen gekommen ist. Die Folge der Lebensumstände der Täter.

Alles andere als Alltag.

Machen wir uns nichts vor, nehmen wir als Schaulustige an dem Leben der Gauner teil, kommt einem unsere sichere, satte und privilegierte Mittelstandsexistenz manchmal mau und sterbenslangweilig vor.

Der Kitzel ins uns, die Grenzen unserer Kultur zu sprengen, ist manchmal schnell entflammt. Die Sehnsucht aus der stumpfen Routine unseres bürgerlichen Lebens auszubrechen und einzutauchen in die Welt des Verbrechens. Dieses verbotene Adrenalin zu spüren, gefährlich und gewissenlos zu leben, das Risiko zu spüren, sich selber zu spüren. Ein pures und pralles Leben, das alles andere ist als Alltag. Echt und intensiv, in selbstmörderischer Sehnsucht, seine Triebe auszuleben. Die Decke der Kultur ist manchmal nur sehr dünn. Die Männer, über die wir erfahren haben, machen genau das, was wir uns niemals trauen würden. Ihnen fehlt diese Angst, die uns unsere Grenzen aufzeigt. Für unsere Taten zur Rechenschaft gezogen zu werden, verurteilt zu werden. Im Gefängnis zu landen. Sie haben den Mut, den wir nicht haben. Auch daher rührt unsere spielerisch-romantische Sympathie mit diesen Ganoven.

Ist was verloren gegangen?

Ich bin zufällig und im verspielten Geist in die Milieu-Szene geraten. Mit fehlender Reflexion und naivem Gemüt ist man schnell dabei, diese Welt und das Treiben der Männer zu banalisieren und trivialisieren. Man neigt schnell dazu, allein das Witzige und Komische zu sehen. Oder es gar in die Groteske kippen. Der romantische Hang zum kaputten Rand unserer Gesellschaft, zu deren Außenseitern, die darin leben, mag manchen Blick verklären. Und natürlich sind viele von ihnen mehr als fragwürdige Existenzen, bei denen kriminelle Abgründe oft zur zynischen Normalität geworden sind.

Aber trotz alledem: Eine gepflegte Reflexion, eine gewisse Nachdenklichkeit über die Moral der alten Garde, lässt eine Romantik in mir aufsteigen, die ich nicht als verlogen empfinde. Denn es ist offensichtlich, dass wir in einer Zeit leben, in der in der kriminellen Szene der Ausverkauf aller Werte herrscht.

Vergleichen wir die Zeit von damals mit der von heute, wird schnell klar, die Welt ist eine andere geworden. Auch die Welt der Kriminalität. Die Banken sind heute einbruchsicher. Die Gefängnisse ausbruchsicher. Es war übersichtlicher damals. Heute ist es aufgeräumter. Von der typisch-kölschen, kriminellen Szene ist heute nicht mehr viel übrig. Es ist eine Geschichte des Verfalls.

Was die Moral der Verbrecher angeht, sind wir wieder in die Steinzeit zurückgeworfen. Organisierte Clans bestimmen seit den 80er Jahren das Kölner Nachtleben. Kölner sind darin kaum noch zu finden. Diese neue Szene legt eine Gangart vor, mit der die meisten der alten Ganoven nicht mithalten könnten. Viele von ihnen würden es auch gar nicht wollen. Mit den Methoden von damals würde heute keiner der alten Recken ein Bein auf den Boden bekommen.

Auch wenn es manchen zu pathetisch klingen mag, aber über die Jahre gibt es einen Niedergang der Moral. Und nach alledem, was ich erfahren habe, kann ich mir die Frage nicht verkneifen, ob den Kriminellen unserer Zeit, nicht was Wesentliches verloren gegangen ist.

Das Spiel. Die Lust.

Viele sind notorische Gangster. Über die Konsequenzen ihrer Verbrechen haben sie nicht viele Gedanken verschwendet. So ist es nicht immer einfach, aus ihnen schlau zu werden. Eines aber ist klar: Sie sind Verbrecher, die Spaß daran haben, Verbrecher zu sein. Sie lieben ihre kriminellen Spielchen. Sie wollen spielen, auch wenn es gefährlich ist. Und im Knast enden kann. Ein gut ausgetüftelter Plan, der die Schwäche des Systems ausnutzt. Das lässt das Adrenalin in ihnen wallen. Sie suchen das Abenteuer, unterlaufen die Regeln. Nur so zum Spaß. Sie lieben das Katz-und-Maus-Spiel, genießen den süßen Triumph, dem Schicksal etwas abzuluchsen. Das ist heute verloren gegangen, diese Gaunerlust.

Gaunerehre.

Wir gesetzestreuen Bürger leben heute in einer Welt, die geprägt ist von Korruption und Bestechung, In der Wirtschaft und der Politik geht so vieles nicht ehrlich und rechtmäßig zu.

Wie haben uns daran schon gewöhnt. Es ist für uns Normalität. In solchen Zeiten und unter solchen Verhältnissen, erscheinen die alten Ganoven, die ihrem Ehrenkodex folgen, geradezu als Ehrenmänner. Einige wenige von ihnen bewahren noch die alten Werte. Manchmal flammt der alte Mythos dieser Zeit noch einmal auf. Die große Ära des Kölschen Milieus ist vorbei. Die Zeit der Kölschen Gaunerehre aber noch lange nicht.

Der größte Gangster, den keiner kennt.

Es gibt noch mehr zu erzählen über das Milieu. Eine Geschichte, die jegliches Vorstellungsvermögen sprengt. Über einen Kölner Gangster internationalen Kalibers. Der im Milieu aufwuchs. Er ist einer der größten Gangster. Vermutlich der größte Gangster, den Deutschland je gesehen hat. Nur: Gesehen hat ihn kaum jemand. Denn Anfang der 90er Jahre tauchte er unter. Und seitdem zog er seine Strippen im Verborgenen. Und das macht seine Geschichte umso reizvoller. Denn keiner weiß, was er in dieser Zeit getrieben hat. Und was ihm widerfahren ist.

Das internationale Ermittlerteam, das ihn zur Strecke brachte, wird sich ungläubig die Augen reiben, wenn es die ganze Wahrheit erfährt. Er narrte die Polizei wie keiner. Die Straße kennt er wie keiner. Sein Strafregister liest sich wie ein Querschnitt aus dem Strafgesetzbuch. 21 Jahre verbrachte er im Gefängnis. Bislang hat er geschwiegen. Aber bald wird er bereit sein, auszupacken.

ENDE

QUELLEN

Zeitungen
- Bild
- Express
- Focus
- Frankfurter Allgemeine Zeitung
- Kölnische Rundschau
- Kölner Stadt-Anzeiger
- Neue Ruhr Zeitung
- Rheinische Post
- Ruhr Nachrichten
- Spiegel
- Süddeutsche Zeitung
- Stern
- Welt
- Zeit

Magazine
- Emma
- Epd Film
- Köln Sport
- Stadtrevue

Fachliteratur
- Dagmar Kober: Wer hat schon einen Zuhälter als Bruder
- Dagobert Lindlau: Der Mob
- Katinka Buddenkotte: Für immer Imi
- Peter Neururer: Aus dem Leben eines Bundesligatrainers
- Robert Boecker: Kölner Dom. Geschichten und Geheimnisse
- Sybille Steinbacher: Wie der Sex nach Deutschland kam
- Toni Schumacher: Anpfiff
- Thomas Liessem: Willi Ostermann: Ein Leben für den Frohgesang am Rhein
- Virgina Vallejo: Ich liebte Pablo und hasste Escobar
- Wolfgang Kraushaar (Hrsg.): „Von der Flaschenpost zum Molotowcocktail 1946 bis 1995"

Online
- ARD home
- Der Köln-Lotse
- Domradio
- Historisches Archiv des Erzbistums Köln
- Köln und mehr
- Mit Vergnügen Köln
- Tipps-vom-experten
- T-online
- Trendblog
- Ntv
- Der Zauberspiegel

Über den Autor:

Göttel, Jahrgang 1964, studierte Kommunikationswissenschaften und Philosophie an der UNI ESSEN. Macht 1990 den Magister Artium. Dann PR-Trainee Ausbildung bei der ABC EUROCOM, Düsseldorf. Arbeitet als Redakteur und Planer bei ZDF, VOX und RTL2.

Unter Göttel als Leiter Development, dann als Programmdirektor wurde SUPER RTL deutscher Kids-Marktführer. Für die Primetime des Senders entwickelte er, einen in der Branche aufsehenerregenden, strategischen Mix aus „True-Crime-Dokus" und „Crime-Fiction-Serien". Für einen Kids-Sender ein ungewöhnliches, aber außerordentlich erfolgreiches Rezept.

Nach SUPER RTL arbeitete er als Berater und verantwortete strategische Projekte u.a. für: 3+TV Group Schweiz, LEGO Germany, VIACOM Germany, MTV, COMEDY CENTRAL, NICKELODEON, BILD.de und ENDEMOL SHINE Germany.

Dank an:

Reinhold Joppich. Agent. Lektor.
Alter Haudegen. Das war kein Zuckerschlecken für Dich mit
mir. Danke für Dein offenes Ohr, Mühe und Geduld. Du hast mich
motiviert anzufangen. Und immer wieder aufs Neue motiviert,
weiterzumachen. Hasta la victoria Siempre.

Thorsten Mueller. TheBuero.xyz, Amsterdam. Design.
Danke für den Staub, den Du immer wieder aufgewirbelt hast.
Wer die Form beherrscht, wie Du, der darf auch in die Suppe
spucken. Form und Inhalt hast Du zu einer magischen Einheit
gemacht. Danke. Don't let the fuckers geht ya.

Thorsten Landre. Social Media.
Du bist smart. Du machst smarte Social Media. Und Du bist
wie Social Media. Der ultimative Kanarienvogel in der Kohlemine.
Das GQ-Magazin sollte Dich zum Mann des Jahres wählen. Danke.

Dicker Johnny. Türöffner.
Du angeschwemmtes Treibgut aus einer anderen Zeit. Pfundskerl. Türsteher-Legende. Du hast mir die Tür ins Milieu geöffnet.
Und einiges dafür riskiert. Ohne Dich würde es das Buch nicht
geben. Danke.

Karin.
Schreiben ist Selbstverwirklichung und Selbstvernichtung.
Verbrennen musst du dich wollen in deiner eignen Flamme.
Wie wolltest Du neu werden, wenn du nicht erst Asche geworden
bist. Danke, dass Du das alles mitgemacht hast.